Cristina Cordula

La guía del Relooking

Consejos de belleza para todo tipo de mujeres

EDICIÓN ORIGINAL

Dirección de la publicación
Isabelle Jeuge-Maynart

Dirección editorial
Carole Bat

Coordinación editorial
Nathalie Cornellana
con la colaboración de Charlotte Faudeux
y de Hannah Murphy

Dirección artística
Emmanuel Chaspoul, Sylvie Sénéchal

Cubierta
Véronique Laporte

Ilustraciones
Rachid Maraï

EDICIÓN EN ESPAÑOL

Dirección editorial
Jordi Induráin Pons

Edición
Àngels Casanovas Freixas

Traducción
Montse Foz Casals

Corrección
Àngels Olivera Cabezón

Maquetación
Marc Monner Argimon

Cubierta
Espazzio Gráfico

La editora agradece infinitamente la colaboración de Aurélia Szewczuk, estilista.

Nouveau look pour une nouvelle vie
es una marca registrada de Métropole Télévision.

© Larousse, 2010
© LAROUSSE EDITORIAL, S.L., 2011
Mallorca 45, 3ª planta - 08029 Barcelona
Tel.: 93 241 35 05 – Fax: 93 241 35 07
larousse@larousse.es - www.larousse.es

ISBN: 978-84-8016-951-6
Depósito legal: B.10.168-2011
Impresión: BIGSA
Impreso en España – *Printed in Spain*

Cristina Cordula

La guía del Relooking

Consejos de belleza para todo tipo de mujeres

Cristina Cordula

Alexie Lorca

Romain Malard

LAROUSSE

A mi hijo Enzo

Prefacio

No existe profesión más bella que la de ayudar a las mujeres a descubrir su belleza, porque todas ellas son hermosas, ¡sin excepción! Algunas, sin embargo, nunca han dedicado un mínimo de tiempo a mirarse, a cuidarse. Otras, en cambio, nunca han aprendido a quererse. No obstante, ¡todas lo valen!

Esto es lo que intento decirles a través de mi trabajo como asesora de imagen. Me gusta la moda. Cuando era modelo, recibía el apoyo del público. Hoy, he decidido devolver a la gente parte de lo que me dio. Mi trabajo me permite poner mi experiencia y mi pasión por la moda al servicio de las personas. Muchas mujeres se sienten perdidas frente a la imagen que proyectan ante los ojos de los demás. «Me gustaría ser más femenina... Me visto mal, y en el trabajo no me toman en serio... No sé qué me queda bien... No me atrevo a llevar tacones... Me gustaría maquillarme, pero por la mañana tengo muy poco tiempo... Me da miedo ir a la peluquería y salir con un peinado que no me favorezca... Mi imagen no se corresponde en absoluto con lo que realmente soy... ¡Que alguien me ayude!» Estas son las reflexiones y las peticiones que más me transmiten las mujeres con las que trato en mi profesión. Mi objetivo no es cambiarlas, sino revelar su personalidad, realzar sus puntos fuertes, encontrar la armonía entre lo que son por dentro y lo que quieren transmitir por fuera. Me gusta mi trabajo porque requiere escuchar y prestar atención a los demás. Es un intercambio permanente. Aprendo tanto de mis clientes como ellos de mí. Y a menudo con muy poco se puede revelar su personalidad, su belleza. Esto es lo que he querido mostrar en este libro, concebido como una guía. A través de los ejemplos de las mujeres que se han prestado a este ejercicio y de las páginas de consejos y de trucos, espero ayudarle a usted a revelar lo que es: ¡una mujer formidable distinta de todas las demás!

Cristina Córdula

contact@cordula-conseil.com
Web: www.cordula-conseil.com

Cristina

· ·

Cristina nació en Río de Janeiro. Su padre era empresario y su madre socióloga. La familia, que pertenecía a la clase media, estaba relacionada con el mundo artístico. El tío de Cristina fue un reconocido pintor y su madre se codeaba con artistas. Su padre, por su parte, era un intelectual apasionado por la filosofía. Cuando era joven, Cristina conversó con él durante mucho tiempo sobre el mundo y la vida. Le hablaba de su deseo de convertirse en modelo, algo que su padre no veía con muy buenos ojos. Sin embargo, a los 16 años, empezó a desfilar, apoyada por su madre, quien la ayudaría a conseguir su sueño.

Cristina empezó entonces paralelamente sus estudios de comunicación y periodismo. Al contratarla

Paris je t'aime

Yves Saint Laurent

agencias del extranjero, tuvo que abandonar su país. Trabajó en varios países europeos antes de llegar a París, donde tuvo un éxito fulgurante. Se convirtió en una top model *internacional* disputada por fotógrafos y modistos de Nueva York, Milán, Japón, Londres y, evidentemente, París. Aunque viajó mucho, se instaló en París, para ella, «la ciudad más bonita del mundo».

Imagen de la campaña publicitaria internacional del perfume Paris, de Yves Saint Laurent, Cristina desfiló para el gran Yves, pero también para Chanel, Dior, Ungaro, Lanvin, Kenzo, Rykiel y muchos más. Elle, Marie-Claire, Vogue... todas las revistas femeninas apostaban por ella. Poco después del nacimiento de su hijo, Enzo, decidió poner fin a su carrera.

Con una amiga, creó una línea de accesorios de playa. A pesar de que el negocio funcionaba bien, no la satisfacía por completo. Ella deseaba compartir su experiencia en ámbito de la moda y ayudar a la gente a reconciliarse con su imagen. La asesoría de imagen fue algo, por tanto, que se impuso en ella de manera natural. Este trabajo,

que realiza desde el año 2002, le permite poner al servicio del público su profundo conocimiento de la imagen, la moda, el estilismo, la peluquería y el maquillaje, pero también de la morfología, el lenguaje gestual, los colores, el mundo y las diferentes culturas que descubrió en sus viajes. Así, pone todos sus secretos al servicio de sus clientes, tanto si se trata de mujeres como de hombres o de empresas.

En 2004, la cadena francesa M6 le propuso colaborar en un programa de cambio de imagen, Nouveau look pour une nouvelle vie.

Desde entonces, a esta guapa brasileña la invitan con frecuencia en la radio, la televisión y las revistas para hablar de su trabajo.

El éxito de Cristina reside en su alegría y su dinamismo contagioso, así como en su curiosidad y en el amor hacia los demás. De hecho, para realizar este trabajo, ¡hace falta mucho amor! Amor y todo lo que está asociado a él: saber mirar al prójimo, escucharle, ser capaz de entender lo que no logra expresar, así como saber hablarle sin brusquedad y con psicología y con un toque de firmeza alegre que ayude a superar los obstáculos en ocasiones difíciles.

Sumario

Realzar el rostro   128

Los consejos de Cristina

Mi equipo   180

Identificar nuestra morfología

¿Todavía no sabe a qué categoría morfológica (8, A, V, H, O, X) pertenece?
Este pequeño cuestionario le ayudará a descubrirlo. Evidentemente,
puede hacerlo con sus amigas. Póngase frente al espejo y mire la talla
de su ropa. No sufra si ha engordado y ahora lleva una talla más. Eso
no le hará cambiar de categoría.

Su aspecto general...

- ♣ Está bien proporcionada
  y tiene curvas
- ♦ Está bien proporcionada y es muy delgada
- ♠ Está bien proporcionada y tiene
  poca cintura
- ⊡ Es poco ancha de espaldas
- ▣ Es cuadrada de hombros
- ♥ Está robusta

Su talla de ropa...

- ⊡ Su talla de chaqueta es inferior
  a la de pantalón
- ▣ Su talla de chaqueta es superior
  a la de pantalón
- ♣ Tiene la misma talla de chaqueta
  y de pantalón
- ♦ Tiene la misma talla de chaqueta
  y de pantalón y no supera la 38-40
- ♠ Tiene la misma talla de chaqueta
  y de pantalón, pero la ropa
  con cinturón no le queda bien
- ♥ Gasta una 44 o más, tanto
  en chaqueta como en pantalón

Se parece más bien a...

- ♥ Loles León
- ♣ Penélope Cruz
- ♠ Cameron Díaz
- ▣ Gemma Mengual
- ⊡ Salma Hayek
- ♦ Natalie Portman

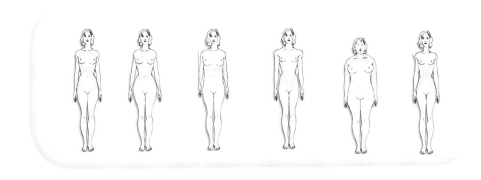

Tiene los hombros...

- ◨ menos anchos que las caderas
- ◼ más anchos que las caderas
- ♥ rellenitos y caídos
- ♦ más bien prominentes
- ♣ bien redondeados
- ♠ igual de anchos que las caderas,
  pero tiene poca cintura

Tiene las caderas...

- ♣ con curvas, igual de anchas
  que los hombros
- ♦ muy delgadas e igual de anchas
  que los hombros
- ♠ igual de anchas que los hombros,
  pero tiene la cintura poco marcada
- ◨ más anchas que los hombros
- ◼ más estrechas que los hombros
- ♥ muy prominentes

Tiene la cintura

- ◨ fina, pero con las caderas más anchas
  que los hombros
- ◼ fina, pero con las caderas más
  estrechas que los hombros
- ♠ inexistente
- ♥ un poco desdibujada por los michelines
- ♣ muy marcada, destacando las curvas
  de las caderas
- ♦ muy marcada, destacando su extrema delgadez

Resultados del cuestionario

Ahora descubrirá su categoría morfológica y el tipo de ropa que mejor le sienta. Pero cuidado: son comentarios generales, para siluetas que están en la media, es decir, ni demasiado delgadas ni demasiado grandes. Si está muy rellenita, consulte la morfología «O». En cualquier caso, confíe también en su sentido común.

Si tiene una mayoría de ▣, pertenece a la categoría «8»

- Tiene una silueta bonita.
- Sus hombros bien redondeados quedan alineados con sus caderas, de curvas perfectas.
- Tiene la cintura marcada, recuerde resaltarla.
- Se lo puede permitir todo.

Evite:

- Las faldas plisadas, que ensanchan las caderas, y los pantalones con bolsillos laterales.
- Las chaquetas con muchas hombreras, las túnicas muy anchas y los pantalones muy anchos que desequilibren su silueta.
- Las chaquetas rectas, los vestidos poco entallados que oculten su cintura, símbolo de feminidad.

Opte por:

- La ropa con cinturón o entallada que realce su cintura y sus formas.
- Los tejidos fluidos que marquen el movimiento de su cuerpo.
- Las formas cruzadas en tops y vestidos.
- Las faldas rectas si no tiene cartucheras; de lo contrario, de corte trapecio.
- Los vestidos entallados que marquen su silueta.
- Las chaquetas y los abrigos entallados.

Véanse pp. 20 a 31

Si tiene una mayoría de ▢, pertenece a la categoría «A»

- Tiene los hombros más estrechos que la cadera.
- Su silueta se ensancha de arriba abajo, como una pirámide.

Evite:

- Las rayas horizontales en las caderas. Si le gustan las rayas, llévelas solo en la parte superior.
- Los tops ajustados con un pantalón ancho.
- Las prendas para la parte superior que terminen en la zona más ancha de las caderas.
- Los pantalones de pinzas y con bolsillos laterales, los pantalones pitillo o ajustados.
- Un *total look* demasiado ajustado o demasiado ancho.
- Las faldas plisadas.

Opte por:

- Centrar la atención en la parte superior.
- Los tops con motivos, de color, ceñidos al cuerpo pero sin que queden totalmente ajustados, sobre todo si el pantalón también lo es.
- Los escotes en V, muy abiertos si tiene poco pecho.
- Los escotes de barco, que ensanchan los hombros.

- Los vestidos de corte trapecio.
- Los cuellos anchos que cubren los hombros.
- Las faldas acampanadas o trapecio que disimulan la anchura de las caderas.
- Los pantalones ligeramente acampanados, sin pinzas ni bolsillos laterales, que no se ciñan a las caderas. A ser posible, confeccionados con telas fluidas.
- Las chaquetas con bastantes hombreras para armonizar la anchura de los hombros y de las caderas.
- Los tacones, que estilizan la parte inferior del cuerpo.

Véanse pp. 32 a 39

Si tiene una mayoría de ▣, pertenece a la categoría «V»

- Usted es todo músculo, como buena deportista.
- Tiene los hombros más anchos que las caderas.

Evite:
- Las chaquetas con hombreras que acentúen la anchura de espalda.
- Los tops de rayas horizontales, que ensanchan los hombros.
- Los cuellos de barco y las mangas con sisa americana, que resaltan la anchura de los hombros.
- Los cuellos vueltos.
- Las prendas de la parte superior ajustadas y cortas que atraigan las miradas hacia el busto.
- Las capuchas que atraigan las miradas hacia los hombros.
- Los anoraks grandes.

Opte por:
- Los pantalones ligeramente bajos de cintura con bolsillos laterales.

- Las faldas o vestidos rectos o de corte trapecio que reequilibren los hombros y las caderas.
- Las chaquetas con mangas raglán.
- Las prendas de la parte superior fluidas, finas y femeninas.

Véanse pp. 40 a 47

Si tiene una mayoría de ♠, pertenece a la categoría «H»

- Tiene los hombros, la cintura y las caderas alineados.
- Tiene una silueta longilínea, con la cintura muy poco marcada.

Evite:
- Las formas cruzadas y demasiado ceñidas que destaquen la escasa cintura.
- Los cinturones alrededor de la cintura.

Opte por:
- Las formas rectas, algo ceñidas pero sin que queden ajustadas.
- Las túnicas y los vestidos de corte imperio, que realzan el pecho.
- Los escotes pronunciados en V, solo si tiene poco pecho.
- Las camisas y los tops de punto.
- Los pantalones rectos y bajos de cintura.
- Las faldas rectas.
- Las chaquetas ligeramente entalladas que simulen una cintura más definida.
- Los abrigos entallados, pero sin cinturón.
- Los cinturones caídos sobre las caderas.

Véanse pp. 48 a 55

Si tiene una mayoría de ♥, pertenece a la categoría «☉»

Está rellenita y, a menudo, se lamenta de lo difícil que es vestirse a la moda cuando no se tiene el cuerpo que aparece en las revistas. Pero puede ser fácil, solo necesita un poco de sentido común y unos buenos consejos.

Principios básicos

.• Destaque siempre la parte superior de su cuerpo, y atrévase con los escotes y los accesorios grandes, en armonía con su morfología. Un broche en el pecho realzará su corpulencia, mientras que una flor grande se adaptará mejor a su envergadura, por ejemplo.
.• Lleve ropa de su talla: la ropa demasiado ancha o demasiado ajustada no oculta las redondeces.
.• Opte por las formas depuradas.

Evite:

• Los tejidos brillantes, ajustados o plisados, ya que engordan.
• Los estampados con motivos grandes o las rayas verticales u horizontales que deforman la silueta.
• Los materiales elásticos, que marcan hasta el menor lunar y, por tanto, la celulitis.
• Las superposiciones, que engrosan la figura.
• Las medias brillantes, de colores, estampadas, con motivos.
• Las faldas plisadas o anchas (tipo enaguas), que nos hacen parecer mesas camilla.
• Las minifaldas que muestren los muslos.
• Los pantalones bajos de cintura, que marcan los michelines.
• Los pantalones con pata de elefante, que ponen de relieve las caderas.
• Los pantalones militares con bolsillos, que acentúan las caderas.
• Los pantalones de pinzas.
• Los pantalones con bolsillos laterales.
• Las chaquetas cortas, que aplastan el pecho y ponen de relieve las caderas.
• Las chaquetas con bolsillos a nivel del pecho, que recargan mucho.
• Las chaquetas cerradas, que aplastan el pecho y el abdomen.
• Los tops cortos, que acortan el tronco y muestran un abdomen rollizo.
• Los bermudas, que parten la pierna por la mitad y la acortan.

Opte por:

• El negro y los colores oscuros, que reducen los volúmenes y disimulan las redondeces. El blanco y los colores claros no están prohibidos, siempre y cuando opte por vestir de un solo color (blanco de la cabeza a los pies, por ejemplo) para alargar la silueta.
• Si elige colores oscuros, alegre su imagen con pequeños toques de color (zapatos, accesorios...).
• Los tejidos mate, que adelgazan.
• Los escotes pronunciados para atraer las miradas y engañar al enemigo... Pero cuidado con los escotes excesivos si tiene un pecho generoso, porque pueden parecer vulgares.
• Las faldas rectas que cubran las caderas y los muslos sin quedar ajustadas.
• Los vestidos ni demasiado anchos ni demasiado ajustados, rectos, fluidos y escotados, con mucha caída para estructurar su aspecto.
• Los pantalones a la cintura, fluidos, rectos, sin pinzas ni bolsillos

«8» es el ideal femenino, aunque
so no significa que carezcamos de
elleza si pertenecemos a otra cate-
a... La mujer «8», sin embargo, tiene
mbros redondeados que se alinean
de curvas perfectas. Su cuerpo es
tuoso. Tiene la cintura bien mar-
dudar en realzarla con cinturones
. En principio, puede permitirse
quiera. Sin embargo, aconsejamos
as plisadas, ya que ensanchan las
quetas con muchas hombreras, las
as o los pantalones excesivamente
ue aportan volumen donde no se
desequilibrar su perfecta silueta.
lo para los cortes rectos, dema-
e esconden las formas bonitas. En
gar con los tejidos fluidos que se
vimientos del cuerpo, las formas
dos, las chaquetas y los abrigos
narcan la cintura y destacan la
hombros y las caderas.

laterales, y llevados con tacones
para estilizar la silueta.
- Las chaquetas tres cuartos
  que caen sobre la cadera,
  ligeramente entalladas para
  destacar el pecho. Pueden tener un
  poco de hombreras para equilibrar
  las redondeces.
- Las medias deben ser siempre
  oscuras y opacas.
- Los tacones, que estilizan la silueta.
- Los zapatos de punta redonda,
  que no subrayan la redondez
  de las piernas del mismo modo que
  las formas puntiagudas.
- Las botas, sobre todo si tiene
  los tobillos delgados.

Véanse pp. 56 a 63

Si tiene una mayoría de ◆, pertenece a la categoría «X»

- Tiene menos curvas que la mujer «8».
- Generalmente es delgada, alta,
  musculosa y, algunas, un poco
  «angulosas». Tiene poco pecho.
  En conjunto, todo le queda bien.

Evite:
- Los jerséis ajustados de cuello vuelto
  y de colores oscuros, que aplastan
  el pecho y marcan la osamenta.

Opte por:
- Los escotes pronunciados, que
  aportan una feminidad muy sensual.
- Los brillos, los colores, los
  estampados, que aportan volumen.
- Las camisas con chorreras, con bolsillos
  en el pecho, las prendas de la parte
  superior drapeadas, o con un cuello
  con pliegues, y que aporten materia.
- Las formas fluidas que se adapten
  al cuerpo aportándole curvas.
- Una pizca de sofisticación que
  feminice su silueta, jugando con
  los accesorios, por ejemplo.
- Las minifaldas llevadas con botas y
  medias opacas. Si tiene las piernas
  delgadas, atrévase con los colores y
  las rejillas, que pueden alegrar un total
  look negro.
- Las faldas rectas, acampanadas
  o en forma de bola.
- Las chaquetas y los abrigos entallados.

Véanse pp. 64 a 71

« E

goría morfológi

unos bonitos h

con las caderas

armónico y volu

cada, y no debe

o ropa entallad

llevar todo lo qu

que evite las fa

caderas, y las ch

túnicas muy am

anchos, puesto

precisa y puede

Lo mismo es va

siado anchos y

cambio, puede

adaptan a los

cruzadas, los ve

entallados, que

armonía entre

Ve

seg

silu

laterales, y llevados con tacones para estilizar la silueta.

- Las chaquetas tres cuartos que caen sobre la cadera, ligeramente entalladas para destacar el pecho. Pueden tener un poco de hombreras para equilibrar las redondeces.
- Las medias deben ser siempre oscuras y opacas.
- Los tacones, que estilizan la silueta.
- Los zapatos de punta redonda, que no subrayan la redondez de las piernas del mismo modo que las formas puntiagudas.
- Las botas, sobre todo si tiene los tobillos delgados.

Véanse pp. 56 a 63

Si tiene una mayoría de ◆, pertenece a la categoría «X»

- Tiene menos curvas que la mujer «8».
- Generalmente es delgada, alta, musculosa y, algunas, un poco «angulosas». Tiene poco pecho. En conjunto, todo le queda bien.

Evite:
- Los jerséis ajustados de cuello vuelto y de colores oscuros, que aplastan el pecho y marcan la osamenta.

Opte por:
- Los escotes pronunciados, que aportan una feminidad muy sensual.
- Los brillos, los colores, los estampados, que aportan volumen.
- Las camisas con chorreras, con bolsillos en el pecho, las prendas de la parte superior drapeadas, o con un cuello con pliegues, y que aporten materia.
- Las formas fluidas que se adapten al cuerpo aportándole curvas.
- Una pizca de sofisticación que feminice su silueta, jugando con los accesorios, por ejemplo.
- Las minifaldas llevadas con botas y medias opacas. Si tiene las piernas delgadas, atrévase con los colores y las rejillas, que pueden alegrar un total look negro.
- Las faldas rectas, acampanadas o en forma de bola.
- Las chaquetas y los abrigos entallados.

Véanse pp. 64 a 71

Vestirnos según nuestra silueta

«El «8» es el ideal femenino, aunque eso no significa que carezcamos de belleza si pertenecemos a otra categoría morfológica... La mujer «8», sin embargo, tiene unos bonitos hombros redondeados que se alinean con las caderas, de curvas perfectas. Su cuerpo es armónico y voluptuoso. Tiene la cintura bien marcada, y no debe dudar en realzarla con cinturones o ropa entallada. En principio, puede permitirse llevar todo lo que quiera. Sin embargo, aconsejamos que evite las faldas plisadas, ya que ensanchan las caderas, y las chaquetas con muchas hombreras, las túnicas muy amplias o los pantalones excesivamente anchos, puesto que aportan volumen donde no se precisa y pueden desequilibrar su perfecta silueta. Lo mismo es válido para los cortes rectos, demasiado anchos y que esconden las formas bonitas. En cambio, puede jugar con los tejidos fluidos que se adaptan a los movimientos del cuerpo, las formas cruzadas, los vestidos, las chaquetas y los abrigos entallados, que marcan la cintura y destacan la armonía entre los hombros y las caderas.

Silueta

en

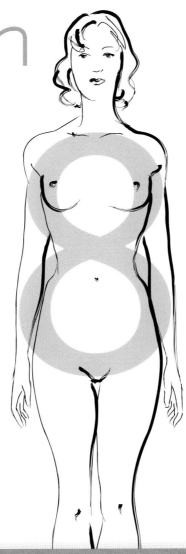

Silueta en 8

Verónica: cintura muy poco marcada, poco pecho y unas cartucheras evidentes; un estilo andrógino y para todo. «En el trabajo, parezco demasiado joven, aunque tengo 29 años. ¡Convertidme en una profesional!»

Antes

El hecho de que la camiseta termine a la altura de las cartucheras las hace aún más evidentes.

El top sin forma banaliza su silueta y oculta su cintura.

La combinación de vaqueros y manoletinas está reservada a las adolescentes.

Las faldas plisadas, que ensanchan las caderas, están prohibidas.

El pantalón sin bolsillos laterales se adapta al cuerpo sin marcar las cartucheras.

Escote en V pronunciado + poco pecho = combinación de choque

El consejo de Cristina

No podemos quejarnos de parecer demasiado jóvenes y, al mismo tiempo, vestirnos como adolescentes. Tampoco se trata de caer en la austeridad. Verónica es una joven sonriente y fresca. Puede elegir, por ejemplo, un vestido fluido entallado o un pantalón acampanado y combinarlo con una camiseta chic sin ser clásica. En cuanto a los zapatos, los tacones son imprescindibles para las chicas que quieren dar una imagen profesional, siempre y cuando estén de moda, ya que de lo contrario parecerán ancianas.

Los tacones feminizan y aportan elegancia a la silueta.

Silueta en 8

Joëlle: «Solo tengo 43 años, pero parezco una anciana. Me gustaría ser de mi época, con un estilo desenfadado chic. Soy catedrática de universidad. Mi imagen debe ser creíble pero no severa».

Este corte sin estilo banaliza la cara, y el color debe cambiar.

La camiseta con florecitas bordadas es digna de un catálogo para la tercera edad.

Las gafas son las de una profesora de la década de 1950.

El pantalón demasiado clásico y sin forma oculta unas piernas bonitas.

Evite combinar las manoletinas con medias muy finas si no quiere parecer cursi.

Sin ser demasiado ajustado, este top dibuja el pecho y marca la cintura, lo que destila más feminidad.

Los dos brazaletes grandes adornan la muñeca y aportan un toque final.

La pechera con lentejuelas confiere un toque moderno y alegre.

El consejo de Cristina

Joëlle parecía como mínimo diez años mayor de lo que era. Tuvimos que cambiarle el fondo de armario, que parecía de otro siglo. Debe olvidar definitivamente las camisetas bordadas, que llevaba por dentro de pantalones altos de cintura totalmente carentes de estilo. Debe despejarse la zona del cuello, atreverse con los escotes. Asimismo, debe dejar de utilizar manoletinas planas cursis que le cubran la mitad del pie. Para completar su vestimenta, Joëlle puede elegir una chaqueta entallada. En general, le aconsejo que se ponga tacones para realzar sus bonitas piernas.

Desenfadados, pero elegantes, estos vaqueros oscuros acampanados ponen de relieve su delgadez, así como sus largas piernas.

Silueta en 8

Natalia: «Tengo 30 años y todavía me sigo buscando... Cambio de estilo todos los días... pero el resultado nunca me convence. ¡Ayudadme a encontrarme!».

Antes

Este top, demasiado insulso, le apaga el rostro y no destaca su bonita cintura.

Los vaqueros sin ninguna originalidad masculinizan y ensanchan las piernas.

Las zapatillas de deporte recargan y aportan un toque descuidado a la imagen.

El vestido se adapta al perfecto cuerpo de Natalia. El dorado del vestido y el color del cabello forman un bonito claroscuro que resalta el color de su piel.

La chaqueta de cuero sobre las lentejuelas aporta un toque roquero.

El consejo de Cristina

Natalia es una chica muy bella, pero estaba un poco apagada. Es una lástima porque, con su físico, se puede permitir cualquier cosa. El estilo roquero chic le queda perfecto y el claroscuro de los dorados realza su bonita piel mestiza. Es un «8» perfecto, ¡tiene que enseñarlo! Debe deshacerse de las camisetas anchas y demasiado largas, de los vaqueros anchos o de los bombachos. Los pantalones estrechos combinados con tops de fantasía son ideales. Natalia es alta y puede permitirse llevar zapatos planos, pero femeninos. La ropa ceñida pone de relieve sus formas perfectas. Las lentejuelas, el cuero o la ropa elástica aportan modernidad, cierto aire chic desenfadado y mucha personalidad.

Unas simples sandalias de tiras son ideales para las piernas largas y delgadas.

Vestirnos según nuestra silueta

Silueta en 8

Nora: «Mi marido cree que me parezco a mis compañeras de 60 años, aunque solo tengo 42... Ayudadme a arreglarme un poco; lo necesito».

Antes

!
El color del cabello apaga la tez y las mechas envejecen.

La parte superior sin forma oculta de manera nada acertada el abdomen.

!
Los zapatos demasiado pesados y poco abiertos envejecen todavía más.

!
El pantalón no tiene ninguna gracia.

Después

El color más claro ilumina la tez.

El cuello del top despeja la cara y desvía la atención del mentón hacia los hombros.

Los accesorios son un buen acabado y aportan un toque de color.

!

Los vaqueros bootcut disimulan las rodillas gruesas y destacan las formas bonitas.

El consejo de Cristina

Se puede disimular un abdomen un poco rollizo y seguir siendo femenina. Basta con optar por tops fluidos escotados para despejar la parte superior del cuerpo. Se deben evitar por completo las camisas o jerséis sin forma. Tampoco debe dudar en llevar una faja sexy o unas medias «vientre plano». Para los pantalones, Nora debe elegir formas rectas sin pinzas, ligeramente acampanadas, y llevarlos con tacones para que le alarguen las piernas. En cuanto a los vestidos y las faldas, le quedarán bien los cortes trapecio o acampanados. Puede permitirse un accesorio llamativo sobre colores fríos u oscuros, que son ideales para su tez.

Vestirnos según nuestra silueta

Silueta en 8

Clemen: «Siempre he sido muy poco femenina. Acabo de cumplir 28 años y me gustaría serlo un poco más, pero no consigo caminar con tacones y no sé maquillarme. Ayúdame, Cristina».

Antes

El corte es demasiado formal y sin estilo.

La longitud de la prenda de la parte superior le acorta aún más las piernas.

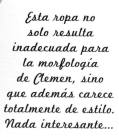

Esta ropa no solo resulta inadecuada para la morfología de Clemen, sino que además carece totalmente de estilo. Nada interesante...

Los zapatos planos no ayudan a alargar las piernas.

Vestirnos según nuestra silueta

Este peinado más corto en la nuca, que está de moda, afina la parte inferior del rostro.

[!] El vestido es la prenda femenina por excelencia.

El consejo de Cristina

Cuando se tienen las piernas un poco cortas, se deben evitar las formas bajas de cintura, ya sea en pantalones, vestidos o faldas, siempre y cuando no se quiera acentuar la desproporción entre el tronco y las piernas. En cambio, las cinturas altas reequilibran la silueta, del mismo modo que los tacones. No hace falta que tengan una altura desmesurada; además, con un vestido de corte imperio o de cintura alta y unas medias negras opacas adelgazan y alargan las piernas. Finalmente, si somos bajitas y tenemos poco pecho, podemos optar por los escotes, que son muy femeninos y alargan la silueta.

[!] La largura del vestido disimula el grosor de las rodillas.

Los tacones son muy favorecedores, sobre todo si somos bajitas.

Símbolo de la fertilidad, la «A» es una de las morfologías femeninas más habituales, donde los hombros son más estrechos que las caderas y la silueta se ensancha de arriba abajo, como una pirámide. Si su talla de pantalón es superior a su talla de chaqueta, su categoría es la «A». En ese caso, evite llevar faldas o pantalones con rayas horizontales. Los tops que terminan en la zona más ancha de las caderas no le favorecerán, lo mismo que los pantalones de pinzas y con bolsillos laterales o las faldas rectas o plisadas. Evite los *total look* demasiado ajustados o demasiado anchos que muestren el desequilibrio entre los hombros y las caderas. Focalice las miradas en la parte superior de su cuerpo con escotes en V si no tiene demasiado pecho o con cuellos de barco, que ensanchan los hombros. Dé más cuerpo a su busto con tops con motivos o de colores. Opte por los cortes imperio o trapecio, los pantalones acampanados, las chaquetas con hombreras y los tacones, que estilizan la silueta.

Silueta

en

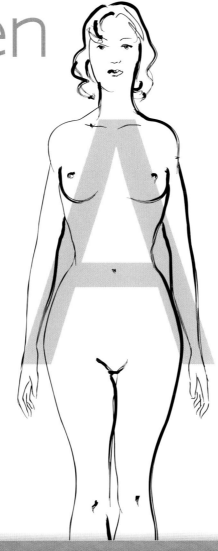

Silueta en A

Linda: «Tengo 38 años. Soy directiva y mi aspecto de estudiante no se corresponde con la imagen que debo dar. Necesito desesperadamente que me ayudéis a encontrar por fin una imagen atemporal y original».

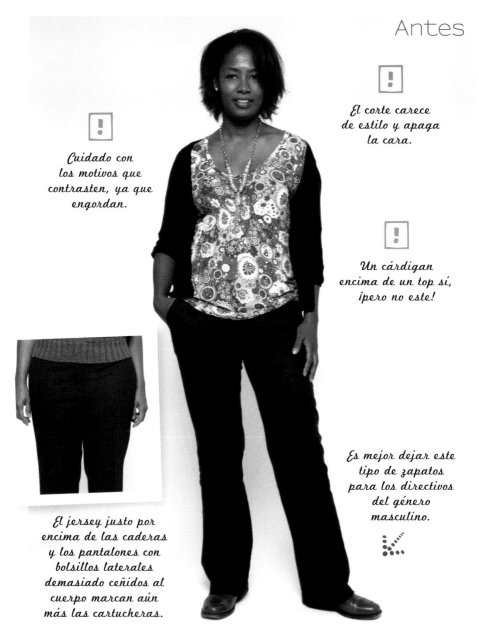

! El corte carece de estilo y apaga la cara.

! Cuidado con los motivos que contrasten, ya que engordan.

! Un cárdigan encima de un top sí, ¡pero no este!

Es mejor dejar este tipo de zapatos para los directivos del género masculino.

El jersey justo por encima de las caderas y los pantalones con bolsillos laterales demasiado ceñidos al cuerpo marcan aún más las cartucheras.

!

El abrigo combina a la perfección con el color de la piel.

!

El vestido de corte trapecio aporta elegancia y feminidad, al mismo tiempo que resulta perfecto para la silueta en A.

El consejo de Cristina

Linda tiene las caderas más anchas que los hombros y los muslos un poco gruesos. Así pues, debe dar más cuerpo a los hombros con prendas con hombreras y atraer las miradas hacia su escote. Los vestidos de corte trapecio o imperio son perfectos para ella. Para los pantalones, debe elegir formas acampanadas, sin bolsillos laterales, y tejidos fluidos para disimular suavemente el grosor de sus muslos...

Mejor con tacones, ¿verdad?

Silueta en A

Cecilia: «Hace años que llevo el mismo estilo de ropa. Me siento como una adolescente demasiado mayor, y es que tengo 29 años y me apetece ser una mujer de verdad».

Antes

Se impone un corte de pelo con estilo. Las puntas no son nada favorecedoras.

El pecho, de por sí pequeño, queda oculto por el jersey.

Esta ropa es demasiado oscura y carece de originalidad.

Las zapatillas negras no ayudan a alejarse del estilo adolescente.

*El escote insinúa
el pecho.*

*La americana,
con un poco
de hombreras,
reequilibra hombros
y caderas.*

*Los brazaletes
y el collar largo
personalizan
la ropa.*

*Esta
minifalda
muestra
unas
bonitas
piernas.*

El consejo de Cristina

*Cuando nos
acercamos a los
treinta años, podemos
romper con la eterna
imagen de estudiante sin
por ello parecer mayores.
Un buen corte de pelo permitió
a Cecilia feminizarse y mantener
al mismo tiempo el frescor de
la juventud. A su edad y con su
carácter, puede atreverse con
un poco de fantasía sin parecer
excéntrica. Lo importante es la
dosificación. Si llevamos un motivo
de pantera, elegiremos para el resto
de la ropa y los accesorios uno de los
colores del estampado (en este caso, el
negro). Como Cecilia está muy delgada,
puede permitirse marcar la cintura,
algo generalmente desaconsejado
para las «A».*

Silueta en A

Darinka: «Tengo 62 años y sigo siendo igual de curiosa que cuando tenía 20. Así, deseo cambiar de imagen. ¿Por qué no probar?».

Antes

Las rayas horizontales ensanchan las caderas, que de por sí ya tienden a ser anchas.

El pantalón ancho en la zona del trasero y de los muslos y ajustado por debajo acentúa la anchura de las caderas.

Estos pantalones son demasiado largos.

Se deben evitar los vaqueros demasiado anchos y muy descoloridos, ya que marcan las caderas.

En cuanto a los zapatos, se pueden encontrar mejores opciones.

Vestirnos según nuestra silueta

Los aros destacan su bonito porte de cabeza y le aportan un toque de juventud.

La chaqueta de cuero moderniza.

Esta camiseta fluida, realzada con un bonito collar, aporta un toque de feminidad poco convencional pero siempre elegante.

El consejo de Cristina

Darinka llevaba ropa demasiado clásica y masculina. Cuidado, por cierto, con las formas rectas, puesto que acentúan el lado masculino. Debe optar por tejidos fluidos y suaves, que puede contrastar con una chaqueta de cuero o un vestido entallado. Lo poco convencional siempre es bienvenido, excepto para las adeptas empedernidas del total look. Darinka tampoco debe dudar en ponerse tacones, que no tienen que ser necesariamente muy altos, pero que la feminizarían.

El pantalón elegante y ancho queda estilizado gracias al cinturón bajo de cintura.

La mujer «V» es todo músculo, una auténtica deportista. Tiene los hombros más anchos que las caderas y, a diferencia de la mujer «A», tiene una talla de chaqueta mayor que la de pantalón. De manera general, debe intentar feminizarse con accesorios, colores... Es preferible evitar las chaquetas con hombreras, los tops con rayas horizontales o con cuello de barco que ensanchan los hombros, las mangas con sisa americana que destacan los hombros, los anoraks muy grandes, los tops con capucha o las prendas para la parte superior ajustadas y cortas que atraigan las miradas hacia su busto. Para ella, los bombachos y los pantalones bajos de cintura con bolsillos laterales son ideales, igual que las faldas rectas. También puede llevar chaquetas ligeramente entalladas para que parezca que tiene cintura y los cortes trapecio para equilibrar y feminizar su silueta, sin olvidar las túnicas fluidas y finas, que simulan las curvas y evitan que se marque la musculatura.

Silueta

en

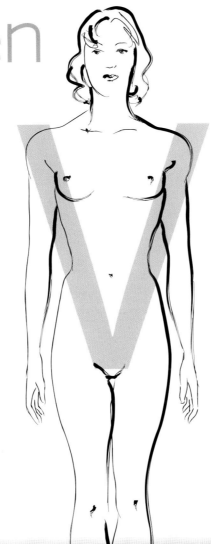

Silueta en V

Virginia: «Estoy demasiado delgada. Cuando me pruebo ropa, me parece que todo me queda mal. Por eso vuelvo a lo que conozco, unos vaqueros, un jersey y manoletinas, pero a los 23 años eso ya no toca».

Antes

!

El cuello redondo no destaca el pecho. ¡Una lástima!

Corte clásico y maquillaje ultradiscreto: demasiado insulso.

El top negro no mejora en absoluto la situación.

!

Los vaqueros rectos son tristemente banales...

...igual que las manoletinas.

Después

Este color chic ilumina
el rostro. El maquillaje
un poco más evidente
aporta carácter.

Este bonito escote
pronunciado
suaviza
los hombros.

La falda
acampanada
da cuerpo
a las caderas.

El consejo de Cristina

Virginia está muy delgada, ciertamente, ¡pero muchas mujeres pagarían para parecerse a ella!

En cuanto a los brazos, debe optar por las mangas tres cuartos ligeramente anchas, o incluso las mangas globo, para no mostrar su extrema delgadez. Luego, para equilibrar sus hombros un poco anchos con las caderas más pequeñas, puede permitirse llevar faldas un poco acampanadas o pantalones con bolsillos laterales. Finalmente, tiene unas piernas ideales para llevar tacones, ¿no?

Vestirnos según nuestra silueta

Silueta en V

Carol: «Tengo la sensación de que no transmito la imagen de una mujer de 40 años que se acepta a sí misma. Me gustaría ser más glamourosa y pasar menos desapercibida».

Antes

El corte recto es banal y le apaga el rostro.

El jersey ajustado acentúa la anchura de los hombros.

La camiseta de tirantes muestra demasiado su musculatura y sus hombros. Resulta poco femenino.

Los vaqueros unisex restan feminidad a Carol.

Estos zapatos de tacón son demasiado clásicos.

Después

!

Las mangas caídas suavizan los hombros.

El vestido fluido de color pastel redondea la silueta.

Este bonito escote, realzado con una gran flor, hace más femenina a Carol.

El consejo de Cristina

Carol es musculosa, de manera que con facilidad puede parecer masculina. Debe evitar la ropa ajustada, las camisetas de tirantes y los tops de manga corta que marquen la musculatura. Son ideales los vestidos que despejan el cuello suavizando los hombros. Puede llevarlos con botas que alarguen las piernas o con zapatos de tacón no demasiado altos para que no se le marque el músculo de la pantorrilla. Es preferible no usar botines, porque acortan las piernas. Carol también puede llevar unos bonitos pantalones femeninos, fluidos, e incluso estampados, para dar más cuerpo a sus caderas.

Vestirnos según nuestra silueta

Silueta en V

Virginia: «Tengo 28 años y me encuentro muy banal... No obstante, no me atrevo a cambiar. Cuando voy a una tienda, miro la ropa que me gusta, pero ni me la pruebo. Necesito consejo de profesionales».

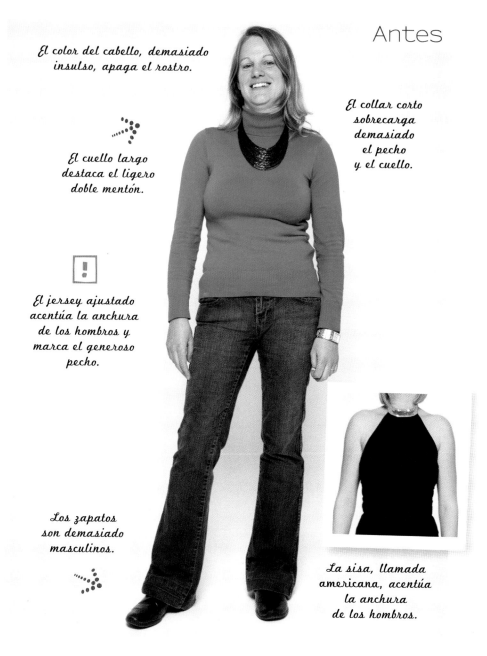

El color del cabello, demasiado insulso, apaga el rostro.

El cuello largo destaca el ligero doble mentón.

El jersey ajustado acentúa la anchura de los hombros y marca el generoso pecho.

Los zapatos son demasiado masculinos.

Antes

El collar corto sobrecarga demasiado el pecho y el cuello.

La sisa, llamada americana, acentúa la anchura de los hombros.

El consejo de Cristina

Virginia tiene una morfología en V y mucho pecho. Tiene los hombros más anchos que las caderas, lo que tiende a masculinizarla. Para reequilibrar su silueta, debe evitar ante todo las chaquetas con hombreras, así como los cuellos vueltos, las sisas americanas y las rayas horizontales. En cambio, le conviene enseñar las piernas, su punto fuerte. De forma general, le favorecen los vestidos y las faldas por encima de la rodilla. También puede jugar con las joyas, que siempre aportan un toque de feminidad.

Este corte le estiliza el rostro.

La prenda superior, fluida pero no ceñida, y el escote cuadrado suavizan los hombros y disimulan el pecho.

El cinturón bajo de cintura está especialmente indicado para la morfología en V.

Vestirnos según nuestra silueta

L a mujer «H» es longilínea. Tiene los hombros y las caderas alineadas, pero la cintura muy poco marcada. De manera general, debe evitar todo lo que destaque esta ausencia de cintura, es decir, las formas cruzadas y demasiado entalladas, las formas anchas o las faldas acampanadas que ensanchan la silueta. En cambio, puede llevar faldas y pantalones rectos, ceñidos al cuerpo, sin ser ajustados, y más bien bajos de cintura. Las túnicas y los vestidos de corte imperio están pensados para ella, así como los buenos escotes, pronunciados si no tiene demasiado pecho. Las blusas y los tops de punto tampoco pueden faltar. Para que parezca que tiene cintura, le aconsejamos que elija chaquetas ligeramente entalladas y que las lleve abiertas. ¡Cuidado con los cinturones! Nunca debe abrochárselos alrededor de la cintura, especialmente en gabardinas y abrigos. Si lleva cinturón, debe ponérselo suelto, caído sobre las caderas.

Silueta
en

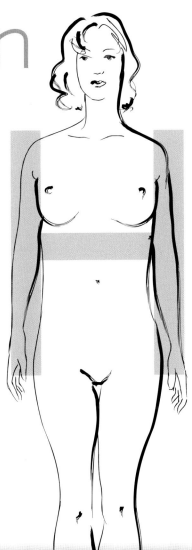

Silueta en H

Ouarda: «Tengo 31 años y sigo vistiéndome de manera muy poco femenina. Esto empieza a ser un problema en mi trabajo. Antes, solían decirme que era guapa y que me podía vestir como quisiera. ¡Ahora ya no!».

Antes

Tiene el cabello bonito, pero lleva un corte descuidado.

!

La camiseta carece totalmente de estilo.

!

Este tipo de pantalón se debe reservar para el jogging de los domingos.

Si no tenemos cintura, es inútil marcarla con un cinturón. Es preferible optar por los cinturones caídos sobre las caderas.

¡Se acabaron las zapatillas deportivas!

Después

El corte
muestra
una bonita
melena.

El escote potencia el rostro
y el busto.

El color cereza
combina a la perfección
con su tez mate.

El cinturón bajo de
cintura es ideal
cuando se tiene
la cintura poco
marcada.

El consejo
de Cristina

*Ouarda forma parte de esas
mujeres que no se atreven a dar
el paso de la adolescencia a la
feminidad. Como es muy bonita y
tiene buena figura, durante mucho
tiempo ha podido permitirse una
imagen postadolescente. Ahora, sin
embargo, esto le pesa. No obstante,
con muy poco, puede transformarse
en una bella joven. Solo precisa un
cinturón bajo de cintura sobre una
túnica perfectamente adaptada a su
morfología, una americana un poco
entallada para que simule la cintura,
bisutería, botas o unos zapatos algo
más sofisticados que unas zapatillas
deportivas.*

Cuando
se tienen
las piernas
delgadas
y estilizadas,
es una pena
no mostrarlas.

Silueta en H

Sandra: «Tengo 28 años y soy incapaz de cuidarme. Sin embargo, en mi universo profesional, estoy rodeada de mujeres que se peinan, se maquillan, se visten... y que me han empujado a solicitar el cambio de imagen».

Antes

¡Incluso una adolescente llevaría el cabello más cuidado!

El cárdigan sobre la camisa entreabierta la embute y oculta su bonita silueta.

¡Pantalón o pijama?

¿Las zapatillas van a juego con el pijama?

El corte combina
a la perfección con
la forma de su rostro.

El rubio
dorado
le queda
de maravilla.

!

Elegancia informal
para esta combinación
desigual entre
top rayado y
chaquetita chic
adornada
con una
gran flor.

Si tiene las piernas
delgadas, se puede
atrever con tejidos
satinados y brillantes.

El consejo de Cristina

Sandra es el perfecto ejemplo del refrán que dice que en casa del herrero cuchillo de palo. Esta pequeña Cenicienta es modista de Chanel. Teniendo en cuenta sus puntos fuertes, no ha sido difícil convertirla en una bonita princesa del siglo XXI. Pantalones pitillo, bajos de cintura, minifaldas, superposiciones, rayas horizontales y tejidos satinados serán las prendas maestras del nuevo fondo de armario de Sandra.

Los zapatos de
tacón aportan
un último toque
de glamour.

Silueta en H

Amel: «En las tiendas, no sé qué comprarme. A mis 35 años, todavía no he logrado encontrar mi estilo». Sin embargo, Amel tiene unas bonitas formas que solo necesitan mostrarse.

Debe cambiar por completo su maquillaje.

El cabello largo sobrecarga el cuello a Amel y la frente despejada no le favorece.

El cuello de camisa anula el cuello y acaba con el porte de cabeza.

La camisa le marca el excesivo abdomen y el tejido brillante hace que parezca más gorda.

El color tan formal de la ropa endurece y banaliza a esta joven.

Esta forma le alarga el cuello y el estrás le ilumina la cara.

El mechón la feminiza y el corte le aligera el cuello.

Este brazalete grande estiliza su imagen.

Este vestido, muy sugerente, queda ajustado a nivel de las caderas y ancho en la zona del abdomen.

El consejo de Cristina

El traje chaqueta no está pensado para Amel, a menos que lo lleve con un top escotado y fluido. Debe optar por los vestidos que la hagan más femenina y le realcen las piernas. Pero cuidado: no debe ponerse nada ajustado en el abdomen. Ni cinturones. En cambio, se puede atrever con chaquetas ligeramente entalladas, y llevarlas abiertas, para que parezca que tiene cintura. No debe dudar en ponerse largos collares que alarguen la silueta, al contrario que los collares ajustados al cuello.

Las botas ponen de relieve sus piernas delgadas y le confieren un aspecto más sexy.

Vestirnos según nuestra silueta

La mujer «O» es una mujer con redondeces y, a menudo, se queja de ello. Sin embargo, un poco de sentido común y algunos consejos bastarán para convertir sus formas en atractivas. Principio básico: el negro y los colores oscuros disimulan las redondeces, igual que las prendas de un solo color. Así, no dude en adoptar, si lo desea, un *look* blanco. De manera general, destaque la parte superior del cuerpo atreviéndose con escotes —no demasiado pronunciados si tiene mucho pecho— y complementos grandes en armonía con sus redondeces. En cuanto a las faldas y los pantalones, el negro sigue siendo un valor seguro, del mismo modo que las medias opacas. Cuidado con la ropa demasiado ancha, puesto que no disimula y engorda. Opte por faldas rectas, pantalones fluidos sin bolsillos ni pinzas, vestidos con mucha caída... ¡Pero todo de su talla! Elija también formas depuradas y tejidos mate y sin estampados. Cuando se vista con prendas del mismo color, complemente su imagen con pañuelos o complementos de colores. Y lleve tacones para conseguir un mayor ímpetu y distinción.

Silueta

en

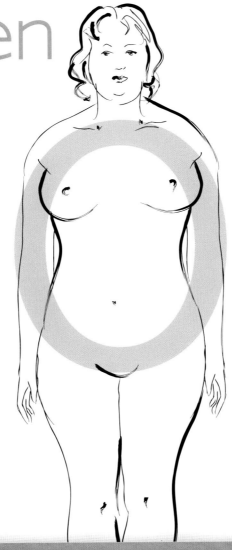

Silueta en O

Jennifer: «Tengo 23 años. Visto como un chico. ¡Ayudadme a convertirme de nuevo en una chica!». Jennifer, sin embargo, tiene rasgos femeninos y unos bonitos ojos azules que merecen ser realzados.

Si no queremos parecer un chico, ¿por qué llevamos camisetas de hombre?

Tiene el cabello totalmente abandonado.

En este caso, los vaqueros engordan.

La combinación de pantalón pirata y botines divide la pierna, y acorta y engorda la parte inferior del cuerpo.

Salvo en las excursiones por la montaña, se debe evitar este tipo de calzado.

El corte realza la calidad de su cabello, al mismo tiempo que le aporta glamour.

Este maquillaje resalta sus ojos azules.

El escote cuadrado muestra su bonito cuello sin destacar demasiado el pecho.

La túnica ligera y fluida hace más femenina y disimula las redondeces.

El consejo de Cristina

Jennifer se envolvía en camisetas y jerséis masculinos talla XXL. Como resultado, parecía mucho más voluminosa de lo que realmente es, y había perdido toda su feminidad. El escote cuadrado atrae las miradas hacia su rostro, y las formas rectas y fluidas, así como las prendas del mismo color, adaptadas a su morfología y totalmente femeninas, la han transformado. No es nada extraordinario, simplemente se trata de sentido común, elegancia y un toque de fantasía, que han mostrado la auténtica personalidad de esta joven, que ocultaba su atractivo.

El pantalón tiene una caída perfecta.

Silueta en O

Delphine: «Tengo 30 años. Me falta carisma, y esto puede traerme problemas en el ámbito laboral. Trabajo en publicidad y debería destilar más personalidad, sobre todo porque dirijo a personas más jóvenes».

Antes

! El corte recto formal, tras cumplir 10 años, queda anticuado.

¿De quién ha tomado prestada Delphine esta camiseta ajustada que le marca sus redondeces?

Este tipo de sisa acentúa el grosor de los brazos y el top ajustado evidencia que está regordeta.

! Podemos prescindir de los vaqueros, que hacen patente el grosor de los muslos.

Los zapatos deben haber salido del mismo armario que la camiseta.

Un top muy simple,
también de color negro,
pero muy femenino.
El cuello despeja los
hombros y resulta
mucho más sexy.

Femenino
y glamouroso,
el corte destaca
el bonito óvalo
de su rostro.

El cuero revela
las atractivas
redondeces, pero
sin marcarlas.

El consejo de Cristina

*Delphine es una mujer
con redondeces, pero
también pertenece a la
morfología H, ya que tiene
la cintura poco marcada.
Como muchas mujeres con
redondeces, Delphine piensa
que el glamour y la feminidad
no van con ella, cuando en realidad
sus formas carnosas son, en esencia,
femeninas. Un top o un buen escote
le permitirán realzar su cabeza. La
ropa fluida insinuará sus curvas sin
exagerarlas. Las faldas y los vestidos
revelarán el perfil de sus caderas y
al mismo tiempo disimularán los
muslos, algo gruesos. Como no tiene
cartucheras, Delphine puede llevar
prendas rectas.*

Las medias
opacas y los
zapatos de tacón
bonitos adelgazan
las piernas,
al mismo tiempo
que potencian
la feminidad.

Silueta en O

Melanie: «Tengo 26 años. Cuando salgo de casa por la mañana, siempre tengo la sensación de ir mal vestida, y eso me hace sentir muy incómoda. Cuando voy de tiendas, me gusta todo y nada a la vez, y me compro cualquier cosa».

Antes

La longitud del cabello recarga demasiado el cuello y la silueta.

La chaquetita corta y entallada marca más las caderas.

Los vaqueros acentúan las cartucheras.

La minifalda realza demasiado las rodillas gruesas. Son preferibles las faldas por debajo de la rodilla o largas.

El estilo de estos zapatos de tacón no es en absoluto sexy.

Por fin se muestra su porte de cabeza.

Después

Tanto el gran escote como el collar atraen la mirada hacia la parte superior del cuerpo.

El consejo de Cristina

Melanie, aunque tenga redondeces, es una «A» espectacular. Tiene las caderas mucho más anchas que los hombros. Antes se vestía más ceñida en la parte superior y más ancha en la inferior, lo cual destacaba aún más esta desproporción. Así, debe llevar faldas de corte trapecio o acampanadas para disimular las caderas, chaquetas estructuradas, con unas hombreras para equilibrar la parte superior con las caderas. Como es muy alta, se puede poner faldas y vestidos largos, pero debe conceder prioridad a las prendas de un solo color. Aquí, no podría llevar este vestido floreado solo, sin el abrigo.

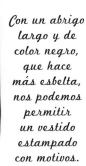

Las mujeres con redondeces pueden jugar a voluntad con las joyas grandes.

Con un abrigo largo y de color negro, que hace más esbelta, nos podemos permitir un vestido estampado con motivos.

Vestirnos según nuestra silueta

Algo menos voluptuoso que el «8», el estilo «X» se aproxima, sin embargo, al ideal femenino. Los hombros están alineados con las caderas y la cintura es estrecha. La mujer «X» es más bien delgada, alta, musculosa y suele tener poco pecho. Puede ser incluso algo angulosa. Pero, en conjunto, todo le queda bien, salvo los jerséis ajustados de cuello vuelto y de color oscuro, que aplastan el pecho y marcan la osamenta. En cambio, los escotes pronunciados aportan feminidad y sensualidad. En cuanto a los colores, no debe privarse de ellos, con tejidos brillantes y estampados que le proporcionen volumen. Lo mismo es válido para las chaquetas y los abrigos entallados, las faldas rectas, acampanadas o en bola, que realzarán su delgadez armónica. Para que su silueta resulte más femenina y su imagen más sofisticada, puede jugar con los complementos. Además, la mujer «X» tiene la silueta ideal para llevar minifaldas con botas y medias opacas. Si tiene las piernas delgadas, puede incluso permitirse medias brillantes, con motivos o colores que alegren con gracia un total *look* negro, por ejemplo.

Silueta

en

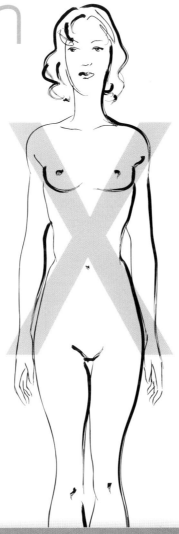

Silueta en X

Laura: «Tengo 28 años. Me gustaría saber qué puedo hacer con mi imagen, divertirme con la ropa, jugar con los estilos, pero no sé cómo hacerlo».

Basta de la combinación de camiseta y vaqueros.

Tiene el cabello poco cuidado.

Las camisetas de tirantes no resultan demasiado favorecedoras cuando se tiene poco pecho.

Si queremos vestir con estilo, no nos tenemos que poner unos vaqueros como estos.

¿Y si probáramos con unos zapatos realmente femeninos?

El azul eléctrico de la camisa combina a la perfección con su melena pelirroja.

Pañuelos, collares ajustados, collares largos... pueden adornar el largo cuello de Laura.

El consejo de Cristina

La imagen hippy chic se adapta perfectamente a la morfología y la personalidad de Laura. Es muy delgada y puede permitírselo casi todo. Sin embargo, como tiene poco pecho, debe optar por los escotes. Y como tiene el cuello largo, le favorecerá jugar con los pañuelos y los accesorios, al mismo tiempo que le proporcionará más elegancia y dinamismo. En cuanto a los vestidos y las faldas, con unas piernas así, no ponérselos sería desaprovechar un gran potencial.

!

Cuando se tienen unas piernas como estas, hay que enseñarlas.

Las botas le confieren un aire moderno y hacen más femenina sin exceso de sofisticación.

Silueta en X

Fabienne: «Siempre me ha costado abrirme a lo nuevo, con lo que me encuentro demasiado clásica. Pero ahora que he superado los 50, me gustaría salir de lo convencional».

Antes

Este corte cursi no refleja la personalidad de Fabienne.

El top sin estilo banaliza su silueta.

Cuando se juega al total look negro, resultan imprescindibles los complementos.

Estos vaqueros tampoco son demasiado divertidos.

El peinado corto rejuvenece, al mismo tiempo que suaviza los rasgos.

El pañuelo y el brazalete aportan el toque de color a la ropa monocroma.

Fluidez y brillo suavizan y feminizan la silueta. El pantalón ancho aporta un toque de fantasía chic.

El consejo de Cristina

La morfología de Fabienne le permite vestirse con lo que quiera, de modo que puede elegir. Sin embargo, cuando hay mucho donde escoger, suele ser más fácil no decidirse por nada y conformarse con un aspecto neutro, que es lo que hacía Fabienne. Así, se ha necesitado trabajar más para que su imagen reflejara en mayor medida su personalidad. Un buen corte de pelo, ropa más fluida, algunos accesorios y ¡lista!

Silueta en X

Hang: «Tengo 23 años, todavía soy estudiante y encontrar mi aspecto resulta un problema. Soy muy bajita, muy delgada, y tengo voz de niña. La gente duda de mi profesionalidad debido a mi imagen».

Antes

Un corte escalado un poco extraño.

El toque «marinerito» no contribuye a que se parezca más a una mujer.

¡Adiós a los vaqueros arrugados en las rodillas!

Las formas demasiado ajustadas y los tejidos elásticos destacan la delgadez de las piernas.

Si queremos parecer una mujer, debemos olvidar las botas de vaquero.

Después

El pañuelo adorna el busto, al mismo tiempo que aporta elegancia.

Este corte proporciona un aspecto de madurez.

La chaqueta aumenta su volumen y concede una bonita personalidad a su silueta menuda.

El consejo de Cristina

Hang necesita pasar de la etapa de niña a la de mujer creíble y encontrar el punto de originalidad que corresponda a su personalidad, poco común. Al ser tan delgada, se puede permitir muchas cosas. Cuidado, sin embargo, con los tejidos demasiado ajustados, ya que resaltan su delgadez. Una chaqueta para cualquier ocasión le aporta el volumen que precisa. Lo mismo es válido para los tacones. En su caso, teniendo en cuenta su altura (1,55 cm), optaremos por los tacones topolino, más juveniles y muy de moda.

Con unas piernas delgadas, se puede permitir el uso de medias de color.

Trabajar
aquello que nos
molesta

Cuello grueso o corto:

El consejo de Cristina

La mejor manera de acortar aún más un cuello de por sí corto es ocultándolo. Por tanto, evite los cuellos chimenea o vueltos. Asimismo, olvídese de los pañuelos atados cortos y las gargantillas. Opte por los escotes tipo barco, redondos, en V, pero siempre bien abiertos. Y, si no tiene mucho pecho, no dude en lucir grandes escotes. Finalmente, si le gustan las joyas, un collar largo puede ser válido, pero en ese caso, sobre todo, lleve pendientes pequeños.

No al cuello chimenea.

▶ El collar divide el cuello y lo acorta.

▶ Demasiado ajustado al cuello, el pañuelo lo oculta por completo.

▶ La camisa poco abierta hace que el cuello desaparezca.

▶ El cuello vuelto exagera la pequeñez del cuello y difumina el rostro.

▶ Escote acertado, pero el collar tan corto rompe el efecto.

El cuello barco despeja el cuello y el rostro.

▶ *Sí al cuello redondo.*

▶ *La combinación de cuello abierto y collar largo despeja el porte de cabeza.*

▶ *Perfecto y muy femenino, este gran escote se adapta a su morfología.*

Recuerde

- No a los cuellos vueltos y chimenea
- No a los pañuelos y gargantillas
- Sí a los escotes barco, redondos o en V, según su morfología
- Sí a los collares largos

Hombros anchos:  EVITAR

El consejo de Cristina

Los hombros anchos no son un gran inconveniente, siempre y cuando no los destaquemos. Así, evite los tops con demasiadas hombreras, las rayas horizontales, los cuellos vueltos cerca del cuello e incluso la sisa americana, ya que pueden hacer fácilmente que parezca un mozo de mudanzas. Evite también los corpiños que, al unir pecho y busto, resaltan los hombros. Pruebe las mangas raglán, con caída, puesto que reducen los hombros.

➤ *El cuello vuelto ajustado al cuerpo resalta los hombros.*

➤ *La sisa americana muestra los hombros en todo su esplendor.*

➤ *La espalda descubierta exagera la anchura de los hombros, también por delante.*

➤ *La americana con hombreras añade al menos una talla a los hombros.*

➤ *Las rayas verticales acentúan los hombros.*

➤ *Lo mismo, pero todavía peor, en el caso de la rayas horizontales.*

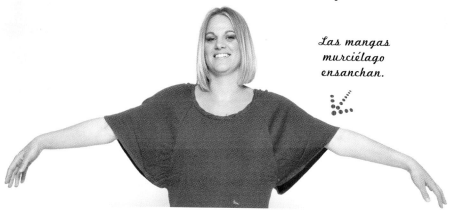

Las mangas murciélago ensanchan.

Hombros anchos:

La americana de corte trapecio hace que los hombros parezcan más pequeños.

▶ *Las mangas raglán son ideales para los hombros grandes.*

Recuerde

- No a las hombreras
- No a la sisa americana
- Sí a las mangas raglán
- Sí a las chaquetas trapecio

Trabajar aquello que nos molesta

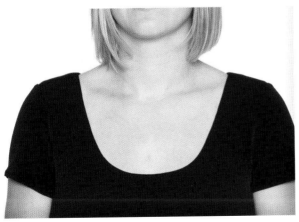

▶ *El escote aligera los hombros.*

Pecho grande: EVITAR

El consejo de Cristina

Tener mucho pecho puede convertirnos en mujeres muy voluptuosas, siempre y cuando sepamos realzarlo sin exceso. Así pues, los cuellos vueltos ajustados al cuerpo, las rayas horizontales, los corpiños que aplastan o los escotes pronunciados pueden resultar nefastos. Aunque no se trata de ocultar el pecho, tampoco debemos ponernos cualquier cosa. En este caso, el escote cuadrado es ideal.

El cuello vuelto marca mucho el pecho.

► *La abundancia de ropa a la altura del pecho aporta volumen donde no es necesario.*

► *Las rayas horizontales aumentan el pecho.*

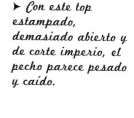

► *Con este top estampado, demasiado abierto y de corte imperio, el pecho parece pesado y caído.*

► *El corpiño aplasta el pecho.*

Pecho grande:

El escote cuadrado realza con gracia el pecho.

Trabajar aquello que nos molesta

Recuerde

- No a los grandes escotes en V
- No a los corpiños
- No a las rayas horizontales
- Sí a los escotes cuadrados

➤ *El top ligeramente escotado y fluido cae sobre el pecho sin apretarlo.*

Pecho pequeño: EVITAR

▸ *El cuello redondo poco abierto acentúa la carencia de pecho.*

El consejo de Cristina

Un pecho pequeño bonito puede ser un arma temible si se sabe realzar. Bastará con evitar los jerséis ajustados de cuello vuelto que, al ceñirse al busto, resaltan la falta de pecho, o los escotes a ras de cuello y los corpiños, que lo presionan hasta hacerlo invisible. En cambio, pueden permitirse los grandes escotes en V, los tops con motivos de todo tipo y las camisas con chorreras, que aportan volumen.

▸ *El jersey estrecho aplasta el pecho.*

Pecho pequeño:

Recuerde:

- No a los jerséis ajustados de cuello vuelto
- No a los corpiños
- Sí a los escotes pronunciados
- Sí a los motivos y a las chorreras

El escote se adapta al tamaño del pecho.

▶ *El top estampado bien abierto con este pequeño chaleco realza el pecho pequeño.*

Trabajar aquello que nos molesta

▶ *El gran escote en V es perfecto y sexy.*

▶ *Cuadros y chorreras: estupendos para aportar volumen.*

▶ *Los bolsillos en el pecho, que proporcionan volumen, también resultan de ayuda.*

Nada mejor que una camiseta de tirantes para llamar la atención hacia los brazos.

El consejo de Cristina

Es inevitable: basta con mostrar cualquier parte de nuestra anatomía para atraer las miradas hacia ella. Así es la naturaleza humana. Por tanto, si sus brazos no le gustan, evite llevar tops sin mangas, del mismo modo que mangas cortas que terminen a mitad del brazo. Opte por las mangas tres cuartos y no demasiado ajustadas. Juegue con la monocromía, puesto que resulta chic e igual de femenino que las flores o los cuadros.

Recuerde

• No a los tops sin mangas o de manga corta

• No a las mangas ajustadas o globo

• Sí a las mangas tres cuartos

• Sí a las mangas acampanadas

➤ *Los pliegues en los hombros y los tejidos elásticos destacan el grosor de los brazos.*

➤ *Las flores engordan y la goma de la manga embute el brazo.*

Brazos gruesos:

Las mangas anchas visten el brazo con feminidad.

Trabajar aquello que nos molesta

➤ *Las mangas fluidas son ideales para los brazos fuertes.*

➤ *Las mangas tres cuartos y acampanadas cubren los brazos con gracia.*

➤ *Las mangas acampanadas constituyen un perfecto punto medio, ni ajustadas ni demasiado anchas.*

Brazos musculosos:

El consejo de Cristina

Los brazos musculosos son formidables, siempre y cuando no sean excesivos. Así, salvo en el gimnasio, es preferible no exagerarlos en exceso llevando camisetas de tirantes, ya que se corre el riesgo de masculinizar la silueta. Tampoco vale la pena resaltar la musculatura con mangas ajustadas. Las mangas tres cuartos o largas, fluidas y no demasiado ceñidas, la feminizarán y resultará mucho más glamourosa y sexy.

► *Las camisetas de tirantes exageran la musculatura...*

► *...y las mangas ajustadas también.*

Brazos musculosos:

▶ *Una bonita manga satinada glamourosa.*

Recuerde

- No a las camisetas de tirantes
- No a las mangas «segunda piel»
- Sí a las mangas tres cuartos
- Sí a las mangas ligeramente anchas

Trabajar aquello que nos molesta

▶ *Las mangas largas y fluidas aportan suavidad y feminidad.*

Brazos delgados:

El consejo de Cristina

Un brazo demasiado delgado no resulta más elegante que un brazo demasiado grueso. Si este es su caso, evite las camisetas de tirantes y las mangas largas y ajustadas, principalmente combinadas con colores oscuros. Opte por las mangas anchas, tres cuartos o globo; es decir, por todo lo que aporte volumen. También puede permitirse los estampados grandes, puesto que engordan.

➤ *La forma de las camisetas de tirantes deja al descubierto la extrema delgadez de los brazos.*

➤ *Las mangas largas, negras y ajustadas exageran la delgadez de los brazos.*

Las mangas globo, femeninas y de tendencia, son obligadas en el caso de los brazos delgados.

➤ *Las elegantes mangas de esta blusa aportan volumen donde se precisa.*

Recuerde

- No a las camisetas de tirantes y a las mangas cortas
- No a las mangas largas ajustadas
- Sí a las mangas globo, murciélago...
- Sí a las mangas tres cuartos

➤ *El jersey con las mangas remangadas y ahuecadas aporta volumen a los brazos.*

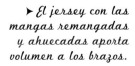
Trabajar aquello que nos molesta

Cintura poco marcada:

El consejo de Cristina

El error, cuando tenemos la cintura poco marcada, es intentar simularla poniéndonos un cinturón, algo que no resulta demasiado estético. El efecto de cintura se trabaja de manera más sutil. Por ejemplo, llevando abiertas las chaquetas ligeramente entalladas o jugando con cinturones que caen sobre las caderas. Una prenda obligatoria para las que no tienen cintura son las blusas y los vestidos de corte imperio. Con ellos, está asegurado el efecto glamouroso, sexy y femenino.

¿Qué es lo que vemos? ¿Una cintura? No, ¡un cinturón!

▶ La torera superpuesta atrae las miradas hacia la cintura.

▶ Ideal para parecer embutida.

Cintura poco marcada:

▶ *El cinturón caído sobre las caderas resulta sexy.*

▶ *Un top en corte imperio muy femenino*

Recuerde

• No a los cinturones ajustados a nivel de la cintura

• Sí a los cinturones caídos sobre las caderas

• Sí a los pantalones bajos de cintura

• Sí a las chaquetas ligeramente entalladas

La gabardina un poco entallada y abierta simula la cintura.

Trabajar aquello que nos molesta

Abdomen rollizo:

El consejo de Cristina

¿Tiene un poco de barriga? No sufra. Con los trucos adecuados, podrá disimularla sin comprimirla. En primer lugar, evite marcarla con tejidos elásticos y no la oculte con texturas superfluas, porque no va a eliminar el problema. También quedan prohibidas las camisas por dentro del pantalón, así como las prendas bajas de talle, ideales para que sobresalgan esos feos michelines. Juegue con las materias fluidas y mates, que caen con elegancia sin ajustarse al cuerpo.

▶ *No a los pantalones de cintura elástica con pinzas y bolsillos laterales.*

▶ *La ropa ceñida al cuerpo, por desgracia, marca la curva del abdomen.*

Los tejidos ajustados con rayas u otros motivos engordan, lo mismo que los brillantes.

▶ *El cinturón hace que sobresalga la barriga.*

▶ *¡Realmente es necesario añadir pliegues a los michelines?*

Abdomen rollizo:

▶ *La blusa, que está suelta por la parte del abdomen, oculta los pequeños defectos.*

Este vestido, que se ensancha a nivel de la cintura, se estrecha en las caderas.

▶ *El top fluido y escotado atrae la atención hacia los hombros y oculta con gracia la barriga.*

▶ *La túnica ancha y fluida cae a la perfección a lo largo del busto.*

▶ *El top no entallado marca el busto sin resultar demasiado ajustado.*

Trabajar aquello que nos molesta

Recuerde

• No a los materiales elásticos

• No a los cinturones que permiten que sobresalga el abdomen

• Sí a las túnicas fluidas que disimulan con gracia la barriga

▶ *Los bolsillos laterales ensanchan las caderas.*

El consejo de Cristina

En primer lugar, no hay que confundir «cartucheras», «nalgas salidas» y «caderas anchas», que son características muy distintas. Como es lógico, si tiene las caderas anchas, debe evitar el exceso de volumen en esta parte de su anatomía —como los pliegues, los plisados, las pinzas o los bolsillos laterales—, así como los tejidos ajustados, ya que marcan el contorno del cuerpo. En cambio, optará por los pantalones rectos, si es posible ligeramente acampanados (estilo bootcut en el caso de los vaqueros), las faldas y los vestidos de corte trapecio.

La forma del pantalón aumenta demasiado las caderas.

▶ *Ancho de arriba y estrecho de abajo, este pantalón es justo lo contrario de lo que conviene en este caso.*

▶ *Los pliegues a nivel de las caderas engordan.*

Caderas anchas:

La falda de corte trapecio disimula las caderas.

▶ *Las faldas acampanadas ocultan las caderas.*

Recuerde

- No a los pantalones estrechos y pitillo
- No a los pantalones y faldas con pinzas y bolsillos laterales
- Sí a los pantalones rectos o ligeramente acampanados
- Sí a las formas trapecio

▶ *El pantalón recto y fluido cae perfectamente sobre las caderas, sin quedar demasiado ajustado.*

Trabajar aquello que nos molesta

El consejo de Cristina

Las mujeres quieren estar delgadas, pero no soportan tener las nalgas planas. Si desgraciadamente este es su caso, he aquí algunos trucos para rellenarlas.

Evite los pantalones muy ajustados de color oscuro y de tejidos mate, puesto que muestran a la perfección la carencia de volumen. Elíjalos más bien anchos o bien con motivos o de tejidos satinados, que rellenan. Permítase también llevar bolsillos en el trasero, porque aportan volumen.

➤ *El pantalón sin bolsillos posteriores aplana las nalgas de perfil y de espalda.*

Recuerde

- No a las mallas
- No a los pantalones ajustados y sin bolsillos por detrás
- Sí a los pantalones con bolsillos con solapas en las nalgas
- Sí a los pantalones brillantes

▶ *Los bolsillos con solapas y botón aportan volumen de perfil.*

El pantalón ancho de arriba y más estrecho de abajo con bolsillos de solapas en el trasero aporta volumen en las nalgas.

Trabajar aquello que nos molesta

Cartucheras: EVITAR

▶ *Las mallas marcan perfectamente las redondeces ubicadas en el lugar incorrecto.*

El consejo de Cristina

*Símbolo de la feminidad, las cartucheras no gozan de muy buena consideración. A saber por qué...
Es el defecto proclamado más compartido, porque aparece tanto en las delgadas como en las que tienen redondeces. Sin embargo, con poco basta para disimularlas. Aunque sea bastante obvio, merece la pena subrayarlo. De manera general, evite los tejidos ajustados, que destacan estas formas poco agraciadas, y los excesos de ropa, que las exageran.*

Los vaqueros con bolsillos laterales exageran las cartucheras.

▶ *Las faldas plisadas aportan más volumen a las cartucheras.*

▶ *Los vestidos ajustados muy femeninos acentúan las cartucheras.*

Cartucheras:

▶ *El pantalón ancho disimula las cartucheras.*

▶ *Los vestidos fluidos que marcan la cintura la realzan y disimulan las cartucheras.*

Recuerde

• No a las mallas, ya que marcan este contorno poco agraciado

• No a las faldas plisadas y a los bolsillos laterales

• Sí a los pantalones anchos

• Sí a los vestidos acampanados que disimulan las formas con demasiadas redondeces

El vestido fluido acampanado alto de cintura se adapta al cuerpo sin marcar las redondeces

Trabajar aquello que nos molesta

Muslos gruesos: EVITAR

El consejo de Cristina

¡No sufra! Los muslos gruesos no son un defecto insalvable. Basta con adaptar el fondo de armario a estas redondeces. Si le gustan los estampados, llévelos en un vestido fluido, pero no en un pantalón. Si siente predilección por las minifaldas, elíjalas justo por encima de la rodilla, pero que no sean muy cortas. Finalmente, aprenda a prescindir de los bolsillos en los pantalones que, al colocarse a la altura de los muslos, los sobrecargan, lo cual, en su caso, no es conveniente.

➤ *El pantalón ajustado y satinado no es muy favorecedor para unos muslos gruesos.*

Las flores grandes... engordan.

➤ *Las mallas tampoco son ideales.*

➤ *Las medias de color carne se deben evitar, puesto que potencian el grosor de los muslos.*

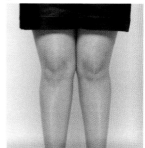

▶ *El pantalón fluido sin bolsillos reduce las redondeces.*

▶ *La falda fluida disimula las redondeces dejando las piernas al descubierto.*

Recuerde

• No a los pantalones con grandes motivos y tejidos brillantes

• No a los pantalones y faldas con bolsillos laterales y ajustados

• Sí a las faldas y vestidos fluidos no ceñidos

• Sí a los pantalones rectos ligeramente acampanados

El vestido fluido cae sobre los muslos sin marcarlos y muestra unas piernas más delgadas.

▶ *La minifalda sí, pero con medias opacas.*

▶ *El pantalón recto ligeramente acampanado armoniza con la silueta.*

Trabajar aquello que nos molesta

Rodillas gruesas: EVITAR

▶ *Las medias estampadas quedan reservadas para las delgadas.*

El consejo de Cristina

Las rodillas en medio de las piernas es como la nariz en mitad de la cara: se ven mucho. ¿Qué hacer, entonces, cuando estas rodillas son regordetas? Primero y ante todo, no aventurarse con medias claras, finas o estampadas, sino preferir unas buenas medias básicas opacas y de color negro. No se decante tampoco por los pantalones estrechos o las mallas. Y, sobre todo, tenga cuidado con la longitud de las faldas y de los vestidos: nunca a mitad de las rodillas. Dividirlas es la mejor forma de mostrar su redondez. Las faldas y los vestidos, por tanto, deben quedar por encima o por debajo de las rodillas.

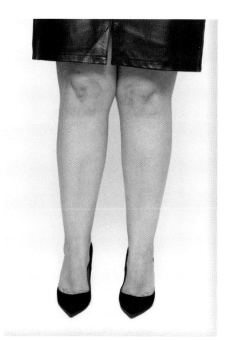

▶ *Ni piernas descubiertas ni medias de color carne, a no ser que aceptemos las rodillas que tenemos.*

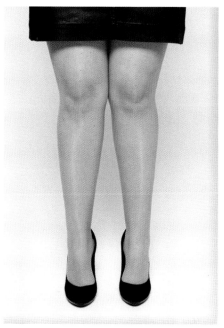

▶ *Por encima de las rodillas, ¿por qué no? Pero no sin medias opacas.*

Rodillas gruesas:

➤ *Vestido largo, evidente para ocultar las rodillas.*

➤ *Una longitud por encima de las rodillas atrae la atención sobre el conjunto de la pierna.*

Recuerde

• No a las faldas a mitad de las rodillas

• No a las medias de color carne o con estampados brillantes

• Sí a las faldas por encima de las rodillas o por debajo

• Sí a las medias opacas negras

➤ *La longitud justo por debajo de las rodillas es perfecta para disimular esta zona poco agraciada.*

Trabajar aquello que nos molesta

El consejo de Cristina

El hecho de tener las piernas gruesas no debe conducirnos necesariamente a ocultarlas bajo capas de ropa. El resultado suele ser el contrario que el que queremos conseguir. De nuevo, hay que hacer gala del sentido común. Evite las medias de color carne y los botines, a menos que los lleve por debajo del pantalón. Los pantalones pirata no son para usted. Opte por los pantalones rectos ligeramente acampanados, las faldas y los vestidos con medias opacas negras y los zapatos de punta redonda, topolino o con un tacón grueso y plataforma.

Las minifaldas ajustadas y los tacones de aguja aumentan el volumen de las piernas.

Recuerde

• No a los botines con una falda o un pantalón pirata

• No a las mallas y a los pantalones estrechos

• Sí a las medias opacas negras

• Sí a los zapatos de punta redonda y con plataforma

➤ *Las mallas y los botines embuten la pierna.*

➤ *Los botines dividen la pantorrilla y resaltan las formas regordetas.*

➤ *Los zapatos de tacón con demasiada punta no favorecen las piernas gruesas.*

➤ *La combinación de pantalón pirata y botines divide la pierna y, por tanto, la engorda.*

Piernas gruesas:

▶ *El pantalón recto ligeramente acampanado adelgaza.*

▶ *Los zapatos de tacón de punta redonda y plataforma alargan la pierna, incluso con una minifalda, si es acampanada.*

▶ *Las medias opacas negras y los zapatos de tacón grueso armonizan con la forma de la pierna.*

El vestido fluido por encima de las rodillas, junto con unas medias opacas negras y zapatos topolino, equilibra la silueta.

Trabajar aquello que nos molesta

Piernas cortas:

► La combinación de pantalón bajo de cintura y manoletinas acorta la silueta.

El consejo de Cristina

¿Qué hacer con unas piernas un poco cortas? Alargarlas, evidentemente. O al menos intentar no acortarlas aún más. Así, por lógica, deberá evitar las faldas y los pantalones bajos de cintura, así como los pantalones pirata. Opte por las prendas de cintura media o alta, ya que alargarán las piernas. Elija también vestidos y faldas muy cortas o muy largas, que estilizan. Y también ayudará a disimular esas piernas cortas si lleva tacones. No hace falta que sean vertiginosamente altos, pero tendrá que olvidarse de las manoletinas si tiene unas piernas de saltamontes.

► La falda baja de cintura, incluso con tacones, no alarga la pierna.

► La superposición y los vaqueros bajos de cintura acortan las piernas y alargan aún más el busto.

El vestido largo y fluido es perfecto para reequilibrar la silueta.

▶ *Este vestido alto de cintura reequilibra el busto y las piernas.*

▶ *Las botas y la minifalda alta de cintura alargan las piernas.*

▶ *El pantalón acampanado y los tacones estilizan.*

Recuerde

• No a los pantalones y faldas bajos de cintura

• No a las faldas sobre la rodilla

• Sí a las minifaldas

• Sí a las faldas y pantalones altos de cintura

• Sí a los tacones

Trabajar aquello que nos molesta

Piernas delgadas:

El consejo de Cristina

Incluso las delgadas tienen problemas. Si su delgadez roza el exceso, adopte algunas medidas. Evite los pantalones estrechos, las mallas y, de manera general, todo aquello que actúe como una segunda piel. Olvídese también de las minifaldas, puesto que sus piernas resultarán excesivamente delgadas. Juegue más bien con pantalones anchos, medias de colores o incluso con motivos. No muchas mujeres pueden llevar medias azules, verdes, escocesas o de rayas, así que aprovéchese sin moderación.

El pantalón ajustado y negro resalta la extrema delgadez de las piernas.

▶ *Están prohibidas las mallas si tiene unas piernas muy delgadas.*

Piernas delgadas:

▶ *Las faldas por encima de la rodilla son perfectas.*

▶ *El saruel recto aporta volumen a las piernas.*

El pantalón muy ancho confiere elegancia y volumen.

▶ *La falda globo, combinada con unas medias brillantes, engorda las piernas.*

▶ *Las medias de color son ideales para las piernas muy delgadas.*

Recuerde

- No a las mallas
- No a los vaqueros estrechos
- Sí a los pantalones anchos
- Sí a las medias estampadas

Trabajar aquello que nos molesta

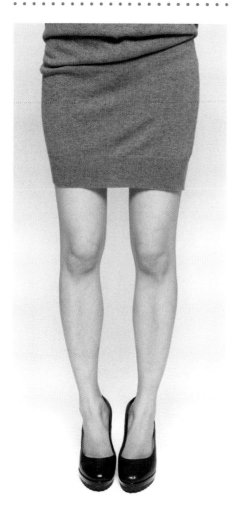

El consejo de Cristina

Aunque suelan ser delgadas, las piernas arqueadas pueden acomplejar. Sin embargo, un poco de sentido común le permitirá mostrarlas. Evite las mallas, una segunda piel que marca todos los defectos. No utilice minifaldas que resalten el arco de las piernas. Juegue más bien con faldas y vestidos justo por encima de las rodillas, que además son elegantes y muy femeninos. Opte también por pantalones anchos y olvídese de los pantalones estrechos.

➤ *La minifalda hace patente el arco de las piernas.*

➤ *Las mallas resaltan perfectamente el arqueo de las piernas.*

Piernas arqueadas:

▶ *El pantalón ancho favorece al disimular las piernas arqueadas.*

Recuerde

Las piernas arqueadas no son un problema si sabemos cómo disimularlas.

- No a las mallas y a los pantalones estrechos
- No a las minifaldas
- Sí a las faldas por encima de las rodillas
- Sí a los pantalones anchos

▶ *El vestido por encima de las rodillas muestra unas piernas bonitas, al mismo tiempo que disimula el arqueo.*

Trabajar aquello que nos molesta

Pantorrillas gruesas:

El consejo de Cristina

Al igual que los tobillos gruesos, las pantorrillas gruesas no son un problema insalvable. Lo ideal son las botas altas, pero también puede permitirse zapatos de punta redonda, topolino o con plataforma. Sin embargo, evite los zapatos de tacón demasiado alto y de aguja, puesto que hacen que la pantorrilla sobresalga. Finalmente, no se ponga medias finas, satinadas, de color carne o con motivos. Una única opción: medias opacas negras (de 40 deniers como mínimo).

▶ La longitud de la falda a media pantorrilla la divide y la resalta.

▶ Las medias con motivos engordan.

▶ Las mallas marcan las pantorrillas poco agraciadas.

▶ La combinación de pantalón pirata y zapatos con tiras hace parecer más bajo y engorda la pierna.

▶ Las medias de color carne y brillante engrosan la pantorrilla, igual que las medias finas.

Pantorrillas gruesas:

➤ *La falda por encima de las rodillas y las medias opacas negras alargan la pierna.*

Recuerde

Puede mostrar las piernas, pero no bajo cualquier situación.

• No a las medias de color carne o con motivos

• No a las faldas que terminan a media pantorrilla

• Sí a los tacones gruesos, a las plataformas y a los tacones topolino

• Sí a las botas altas

Las botas altas alargan la pierna y ocultan las pantorrillas musculosas.

Trabajar aquello que nos molesta

Tobillos gruesos: EVITAR

El consejo de Cristina

Tener los tobillos gruesos no significa necesariamente que haya que ocultarlos a cualquier precio. Sin embargo, hay cosas que no se deben hacer y otras que, al contrario, harán que parezcan más delgados. Olvide los zapatos con tiras y los botines que, al dividir el tobillo, lo resaltan. Evite también los pantalones pirata, que atraen la atención hacia esta parte poco agraciada de su cuerpo.
O llévelos con botas. Si opta por zapatos de tacón, elíjalos de punta redonda, con tacón topolino o grueso y con plataforma.

➤ *Las tiras y las mallas embuten los tobillos.*

➤ *Los botines dividen la pierna.*

➤ *La combinación de tiras y pantalón pirata resalta el tobillo que pretendemos reducir.*

➤ *La combinación de botines y pantalón pirata oscuro atrae la atención hacia el tobillo.*

Tobillos gruesos: PREFERIBLE

▶ *Sí a las medias opacas y a los zapatos de tacón grueso.*

El calzado sin tiras y abierto reduce los tobillos y aporta estilo a la imagen.

Recuerde

Es posible enseñar los tobillos aunque los tengamos gruesos, pero no de cualquier manera.

• No a los zapatos con tiras alrededor del tobillo

• No a los botines

• Sí a las botas altas

• Sí a los zapatos topolino o con plataforma

• Sí a los zapatos abiertos

Trabajar aquello que nos molesta

Elegir las joyas

Ya no es necesario ser millonario para llevar joyas. La bisutería es incluso tendencia. Si puede gratificarse con joyas de lujo, mejor. De lo contrario, la bisutería hace milagros y permite locuras.

Para adornar una mano larga

Perfectos para un cuello largo

Ideal para la ropa monocroma

Imprescindible en un total look negro

Aunque está muy bien tener muchas joyas, no es aconsejable llevarlas todas al unísono, a menos que queramos parecer un árbol de Navidad... Además, cuando se llevan demasiadas joyas, unas atenúan a las otras. Así pues, no lleve nunca más de 3 joyas, y más bien desparejadas, a menos que se trate de un juego de diamantes. Por otro lado, elija el lugar de su anatomía o de su atuendo en el que desee focalizar las miradas.

Joyas y morfología

• **Si tiene redondeces:** luzca un broche o un collar grandes, un brazalete grande o un gran anillo. Las joyas demasiado pequeñas quedan minúsculas.

• **Si es bajita y delgada:** evite recargarlas demasiado, para no parecer que está a punto de doblegarse como un ramita en una tormenta. Pero si es bajita y tiene redondeces, no lleve joyas demasiado pequeñas.

• **Si tiene el cuello corto:** opte por los collares largos, que lo alargan, del mismo

Los broches, una joya que no hay que olvidar

Un toque de elegancia discreto

Un poco de sol para pieles mates o cobrizas

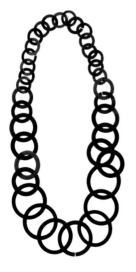

Un collar largo para alargar la silueta

modo que alargan la silueta. En cambio, prefiera los pendientes cortos.

• **Si tiene el cuello largo:** las gargantillas o la abundancia de cadenas son perfectas, así como los pendientes largos.

• **Los dedos pequeños** no encajan con los anillos grandes. Decántese por anillos pequeños.

• **Los dedos largos** requieren anillos grandes, sobrios o trabajados, igual que las manos grandes. Pero cuidado, ¡nunca uno en cada dedo!

Colores

• Lo mejor es probar. En principio, el oro, el dorado, el cobre y el ámbar quedan mejor con las pieles cálidas, y la plata y las perlas con las pieles frías. Observe los reflejos del iris de sus ojos: si contienen amarillo, el oro le quedará bien; si contienen plateado o blanco, póngase plata u oro blanco. Sin embargo, pueden existir excepciones, así que confíe en el sentido común.

• Cuidado con los collares largos sobre las blusas abigarradas o con motivos grandes. La mezcla de los colores y de los tejidos acaba por dañar la vista.

• No se limite al tono sobre tono. El hecho de llevar ropa roja no significa que las joyas deban ser del mismo color. Contrástelas. El negro, el azul, el verde e incluso el violeta pueden quedar muy bien.

• Y, de manera general, evite el *total look* negro sin joyas, a menos que quiera parecer una viuda. Lo mismo sirve para el *total look* blanco que, sin joyas, puede parecer un uniforme de hospital.

Los consejos de Cristina

Elegir
los sujetadores

Algunos pechos necesitan un poco de ayuda, pero hay que tener presente que no existen casos desesperados, sino sujetadores mal adaptados.

Tipos balconnet y corbeille

¿Cuál es el mejor sujetador para su pecho?

• **El sujetador sin aros:** es el más cómodo. Con los tirantes anchos, se adapta a todos los tipos de pecho, incluso los más generosos. Sin embargo, no resulta muy favorecedor para los pequeños.

• **Los tipos *balconnet* y *corbeille*:** muy escotados, presentan un corte redondo. Muestran el nacimiento del pecho, que sujetan gracias a los aros. Son perfectos para realzar los pechos pequeños y crear el efecto repisa en los grandes. Se venden en copas A, B, C y D.

• **Los sujetadores tipo camiseta:** están diseñados para sujetar los pechos de las deportistas. No tienen aros y se ajustan

¿Cómo determinar nuestra talla?

Mídase el contorno de pecho sin aplastar los senos, así como el contorno del busto (por debajo del pecho). La diferencia entre ambos determina la categoría de copa. El contorno del pecho indica la talla del sujetador.

DIFERENCIA DE COPA:

• 10 cm: copa A
• 15 cm: copa B
• 17,5 cm: copa C
• 20 cm: copa D
• 22,5 cm: copa E

Ejemplo:

Si su contorno de pecho mide **85 cm** y su contorno de busto es de **70 cm,** la diferencia entre el contorno de pecho y el contorno del busto es de **15 cm.** Así, su talla de sujetador es **85 B.**

Si se encuentra entre dos tallas, elija siempre la más grande.

Corpiño

Triángulo

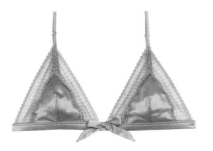

Push-up

Reductor

y sostienen el pecho gracias a unas tiras elásticas anchas situadas bajo las copas y en la espalda. Son ideales para una imagen deportiva, pero poco adaptados para la ropa sexy.

• **Los tipo corpiño:** sin tirantes, son perfectos para los corpiños. Son adecuados para copas A, B o C, pero no son aconsejables para los pechos grandes.

• **El triángulo:** reservado a los pechos pequeños para ir cómodas, pero no son muy sexys.

Aumentar o reducir, ¡hay que elegir!

Algunos sujetadores se conciben especialmente para corregir los excesos o las carencias de la naturaleza.

• **Los *push up*:** Al tener relleno, permiten juntar los pechos. También redondean los pechos pequeños.

• **Los reductores:** reservados para las copas C, D, E y F, envuelven los pechos apretándolos pero sin comprimir.

Qué escote usar, dependiendo de cada tipo de pecho

• **Escote pronunciado:** reservado para los pechos pequeños.

• **Escote cuadrado:** ideal para los pechos generosos. Si este es su caso, tenga en cuenta que los escotes pronunciados suelen quedar vulgares.

¿Podemos prescindir del sujetador?

• Sí, si no tenemos el pecho muy grande (copas A o B). En este caso, es obligatorio el escote pronunciado para conseguir un efecto sensual.

• En cambio, si tiene el pecho pequeño y lleva un jersey ajustado, póngase un sujetador con relleno para no quedar plana.

Elegir los tejidos

Los tejidos de las prendas son muy importantes, no solo porque un pantalón, una falda, un vestido o un top cortados con un material bonito tendrá necesariamente una buena caída y más clase, sino también porque no todos los tejidos quedan bien a todas las morfologías.

Estampado para silueta delgada

La seda, una buena elección

Los diferentes tejidos

• **Los tejidos naturales:** desde el punto de vista de la comodidad, los tejidos naturales como el algodón, el lino, la seda o la lana son muy agradables de llevar. Cuidado con el lino, que requiere un corte impecable para que la prenda no se asemeje a un saco.

• **Los tejidos sintéticos:** un componente sintético en la composición de una prenda no es malo ni para la comodidad ni para el aspecto. Puede aportar incluso elegancia a la tela y hacer que la prenda sea más fácil de conservar. En cambio, evite los materiales 100 % sintéticos, sobre todo en el caso de los tops. Sobre estos tejidos, los colores y los estampados quedan poco elegantes. Además, las prendas suelen parecer baratas y, a cierta edad, la ropa de aspecto econó-

*Ligero y favorecedor:
el crespón*

*Lana y poliéster: suavidad
y buena caída*

*La muselina para los
cuerpos con redondeces*

El cuero, un valor seguro

Las rayas engordan

Punto fino con una bonita caída

mico puede ser sinónimo de aspecto descuidado. Finalmente, los tejidos sintéticos suelen provocar una intensa sudoración y exacerbar el olor. Cuidado, pues, con el tristemente célebre «según mi nariz, ¡deben ser las cinco de la tarde!».

• **Los tejidos brillantes, satinados:** engordan. Más aún si llevan rayas, colores mal combinados o motivos grandes. Y cuanto más finas sean, más dejan al descubierto las redondeces y la celulitis. Así pues, están reservados para las delgadas. Cuidado, no obstante, con los pantalones, las faldas y los vestidos

Vestido elástico con lentejuelas para un cuerpo perfecto

de tubo brillantes, porque marcan todo: llévelos con un tanga.

• **Los tejidos gruesos:** evidentemente, no favorecen a las mujeres con redondeces, que preferirán el punto o los tejidos fluidos. Si se llevan no demasiado ceñidos al cuerpo, disimulan las pequeñas redondeces y alargan la silueta.

Para un buen cuidado de la ropa

• Respete las indicaciones de lavado que aparecen en cada prenda.

• Utilice un detergente adecuado para la ropa de color y otro para la oscura.

• En el caso de la ropa oscura, lávela y plánchela del revés, para que no queden marcas.

Elegir los vaqueros

Los vaqueros se han convertido en prendas imprescindibles en cualquier fondo de armario. Los hay de todos los precios y para casi todas las ocasiones. Todas las mujeres pueden llevarlos siempre y cuando los adapten a las circunstancias y a su silueta, y sepan combinarlos con accesorios.

Vaqueros estrechos para unas buenas piernas largas y delgadas

Unos vaqueros para cada morfología

• **Si tiene caderas:** si las tiene pronunciadas y/o tiene abdomen, opte por unos vaqueros *bootcut* de cintura ligeramente alta y acampanados. Equilibrarán la silueta evitando el efecto de pera.

• **Si tiene redondeces:** opte por un corte recto sin bolsillos, ni en el trasero ni en los lados.

• **Si es delgada:** no dude, salvo si tiene las piernas arqueadas, en usar vaqueros pitillo o estrechos, que le realzarán las piernas. Incluso los podrá llevar por dentro de unas bonitas botas. Para «rellenar» sus glúteos, se puede permitir los vaqueros con bolsillos en el trasero.

Vaqueros elegantes

Oscuros, y sobre todo sin que estén descoloridos y con una blusa de seda o una chaqueta entallada, los vaqueros quedan estupendos. Puede permitirse llevarlos sin dudar para una velada o un cóctel. En tal caso, póngaselos con zapatos de tacón o botines elegantes y con tacón para afinar y alargar su silueta. Un cinturón también puede aportar un toque de elegancia complementaria.

En cuanto a los complementos, apueste

Ancho y desteñidos:
los Seventies
del siglo XXI.

por un bonito collar largo, un buen broche y un pequeño bolso tipo Chanel, o incluso una cartera, que son tendencia.

Para un almuerzo dominical, incluso podrá seducir a su suegra llevando con esta prenda el collar de perlas que le regaló.

Estilo mujer profesional

También puede llevarlos para trabajar, al estilo profesional. Le dará un toque juvenil y nada estirado, sin cuestionar su autoridad natural, siempre y cuando los combine con una chaqueta un poco entallada para que resulte femenina. No se la abroche por completo, deje siempre el último botón abierto. Atención también con el top: un jersey en V ceñido sin que quede demasiado ajustado o una camisa. En este caso, desabróchese los primeros botones. Si la camisa no tiene un buen corte, consiga el mismo resultado con un imperdible, pero sin que se vea. Si las mangas de la camisa salen por debajo de la chaqueta logrará un efecto chic.

¿Cómo determinar la talla?

CORRESPONDENCIAS DE LOS VAQUEROS ENTRE LAS TALLAS AMERICANAS Y ESPAÑOLAS

EE.UU.	24	25	26	27	28	29	30	31	32
España	34	34/36	36	36/38	38	38/40	40	40/42	42

LONGITUD DE LAS PIERNAS

Longitud de las piernas en cm	24	25	26	*Cuando compre unos vaqueros,*
Longitud total en cm		34	34/36	36	*elíjalos de una talla*
Longitud del tiro en cm		78/80	82/84	86/88	*menos, porque se dan de sí.*

Complete su imagen con unos zapatos o unos botines de tacón, puesto que combinan elegancia y comodidad.

Informal para el fin de semana

Los vaqueros son, evidentemente, la prenda ideal del fin de semana. Pero el hecho de no trabajar no significa que no nos debamos preocupar por nuestra indumentaria. Los vaqueros del fin de semana pueden ser cómodos sin perder la elegancia. Combínelos con una camisa blanca de algodón con un buen corte o con un jersey de cachemir de color, con manoletinas o zapatillas deportivas.
Los vaqueros desteñidos, si bien no se deben usar para salir o ir a trabajar, están totalmente permitidos el fin de semana.

Anchos: comodidad garantizada

Principios básicos

• Opte por los vaqueros con elastano: son más cómodos y más favorecedores, porque se adaptan a sus formas.

• Elíjalos de color azul oscuro, porque adelgazan y son más elegantes. Los desteñidos resultan más deportivos.

• Llévelos lo más largos posible. Y nunca con los bajos doblados, porque queda anticuado. Si son realmente largos, arregle los bajos a máquina, y ribetéelos como los originales.

• Cada temporada, los diseñadores inventan nuevas versiones de vaqueros: con tachuelas, bordados, pintados... Tampoco hay que pasarse. Si los vaqueros están muy trabajados, juegue con algo más sobrio para la parte superior.

• Lávelos del revés, a 30 °C como máximo. No los ponga nunca en la secadora.

Informal y estándar: el bootcut

Altos de cintura y piernas rectas

Rectos y talla media

Los negros... son negros y tendencia

Tipo bootcut bajos de cintura

Elegir las medias

Siempre resulta difícil elegir las medias, porque las que nos gustan no siempre son las que más nos favorecen. Atención, pues, con las medias de fantasía.

Si no tiene estas piernas, olvide las medias ultrafinas de color carne

Diferentes tipos de medias

¿Sabía que de promedio hacen falta 14 kilómetros de hilo para fabricar un par de medias?

• Las medias económicas son de poliamida y poco favorecedoras. Si las lleva con un vestido o una falda, elíjalas un poco más caras. Con un poco de elastano, de microfibra o incluso de seda, serán más cómodas y mucho más favorecedoras.

• Los principales tipos de medias estándar son las medias de espuma, ultrafinas o de licra.

• Evite la espuma. Si tiene unas piernas perfectas, puede llevar unas medias ultrafinas, para una velada, por ejemplo. Son sensuales, pero cuidado, porque son más clásicas. Además, se hacen carreras fácilmente y se las debe poner de manera perfecta para que no queden arrugas.

¿Qué son los deniers?

• En todos los embalajes de medias, junto al color y la talla, aparecen los deniers, que corresponden al peso en gramos por 9 000 metros de fibra. Así, 40 deniers corresponden a 40 gramos por 9 000 metros de fibra. Por tanto, cuanto menor es el número, más finas son las medias. Las hay desde 5 hasta 100 deniers.

Opacas y negras: un valor seguro

• De manera general, y sobre todo con minifalda, opte por unas medias opacas de 40 deniers como mínimo, porque aunque tenga unas piernas bonitas, la combinación de medias finas y minifalda puede quedar con bastante facilidad vulgar, sobre todo si se pone zapatos de tacón.

¿Qué medias son más favorecedoras para nuestras piernas?

• **Medias de color carne:** se deben evitar, sea cual sea su morfología. Envejecen.

• **Si tiene las piernas gruesas:** limítese a las medias opacas negras u oscuras (azul marino, gris antracita, marrón chocolate) y mates o, eventualmente, a las medias de rejilla pequeña.

• **Medias satinadas:** están reservadas para las piernas delgadas, igual que las rejillas, los motivos y los colores. Cuidado, sin embargo, con llevarlas de cualquier manera y con cualquier cosa. La rejilla aporta un toque sexy y sofisticado, así que no se las ponga con zapatillas deportivas, por ejemplo. Los motivos pueden quedar bien con un *total look* negro con zapatos planos o topolino.

De lana o con motivos: solo para piernas delgadas

Sofisticadas, con una falda negra

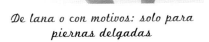

Elegir los zapatos

Planos, altos, topolino, de punta redonda o puntiagudos, elegantes o deportivos... Los zapatos no son ajenos a los dictados de la moda. He aquí algunos consejos para encontrar el modelo que mejor se adapte a sus piernas.

Manoletinas sí, pero abiertas

Para familiarizarse con los tacones

Reservadas para las piernas delgadas

Adecuadas para las pantorrillas gruesas

• **Manoletinas y de tacón:** sea cual sea su forma, las manoletinas y los zapatos de tacón deben ser muy abiertos y mostrar el nacimiento de los dedos. De lo contrario, pueden parecer para personas mayores. Si tiene los pies grandes, opte por las puntas redondeadas para que no lo parezcan más. Cuidado con las tiras, reservadas para las piernas muy delgadas, porque dividen el tobillo y resaltan los tobillos gruesos.

• **Botines:** si tiene la pantorrilla gruesa, llévelos con un pantalón. De lo contrario, opte por las botas altas hasta la rodilla, que alargan la pierna (existen modelos más anchos de la parte superior para las pantorrillas muy gruesas). Opte también por las puntas redondeadas y los zapatos de tacones gruesos. Las formas finas crean un

Recuerde

• En primer lugar, no se pruebe nunca los zapatos mientras está sentada. Debe estar de pie para que los pies estén correctamente colocados dentro del zapato.

• Piense en combinar los zapatos con la ropa que lleve. Con unas mallas, evite los zapatos de tacón de aguja, puesto que no son nada elegantes. Es preferible elegir unas manoletinas bonitas.

Por la noche,
para unas
piernas bonitas

Nunca pasan
de moda

Empiece con
los tacones
cuadrados

Para el fin de semana
exclusivamente

Piernas
gruesas:
absténganse

efecto «embudo» y resaltan el grosor de las piernas. El topolino puede ser bastante acertado.

• **Para una imagen más femenina:** los tacones alargan la pierna y aportan distinción. Si no ha llevado nunca, empiece con tacones pequeños y gruesos o topolino, más cómodos que un tacón clásico. Del mismo modo, se camina más cómodamente con un tacón de 8 cm si la punta incluye una pequeña plataforma, para reducir el arqueo del pie.

• **Cuidado con las zapatillas deportivas:** resérvelas para el jogging del domingo. Si quiere estar cómoda o vestir informal, opte por las Converse. Quedan bien con un pantalón negro, unos vaqueros oscuros o incluso un pantalón de lino.

• **Piense en sus pies:** en verano, póngase sandalias, pero no antes de haberse tratado los pies con piedra pómez y una crema hidratante. Cuídese también las uñas, que deberá pintarse necesariamente con laca transparente o de color.

Topolino:
comodidad
y diversión

Realzar
el rostro

Una frente ancha cubierta

Verónica necesita un peinado adecuado para que le cubra la frente y un maquillaje que resalte sus ojos de almendra y le refresque la tez.

Antes

Puntos fuertes:

> Una piel lisa y fresca

> Una sonrisa muy bonita

Puntos δébiles:

> Una frente grande

> Un cabello fino

Peinaδo

1 Sobre una base de castaño, realizamos algunos reflejos, que realzarán el corte y aportarán más luz al rostro.

2 Definimos algunos mechones para que cubran la frente sin ocultarla.

3 Creamos volumen en la nuca y escalamos las patillas a lo largo para dar más cuerpo al rostro.

Recuerδe

• Creamos volumen en la nuca y escalamos las patillas para dar cuerpo al rostro y cubrir la frente.

Maquillaje

1 La sombra de ojos beis y gris pardo difuminada, intensificada a nivel de las pestañas con un toque marrón, acentúa la forma almendrada de los ojos.

2 Un maquillaje fresco y ligero realza la tez sin recargarla, al mismo tiempo que aporta luminosidad.

3 Marcamos las mejillas aplicando bajo los pómulos un colorete marrón, y después un tono rosado en la parte superior del pómulo.

Recuerde

• Estiramos el ojo hacia fuera con la sombra de ojo y abrimos la mirada con el rímel.

Después

Realzar el rostro

Un corte más actual

Joëlle tiene un rostro muy clásico que quiere modernizar. Primero, hay que romper con el corte recto que le apaga la cara y la envejece.

Antes

Puntos fuertes:
> Ojos bonitos
> Una cara sonriente

Puntos δébiles:
> Un cabello muy fino
> Rosáceas (rojeces) en la cara

Peinaδo

1 Conservamos el rubio oscuro natural de las raíces.

2 Cortamos conservando la nuca un poco larga y algunos mechones alrededor del rostro y de la frente para suavizar y feminizar.

3 Realizamos algunos reflejos rubios más claros al estilo Sharon Stone. Colocamos el producto sobre el cabello seco para una mayor eficacia.

Recuerδe

• Joëlle tiene un remolino en la frente. En lugar de intentar eliminarlo, jugamos con su movimiento.

Recuerde

• Para eliminar las rosáceas, aplicamos base de maquillaje y un corrector beis.

Después

Maquillaje

1 Para conferir profundidad a la mirada, maquillamos las cejas con un lápiz del mismo color que la raíz del cabello.

2 Para estrechar el ojo, que es más grande por la parte interior, pintamos abajo una raya con el lápiz de color gris pardo, por dentro del ojo, mientras que un toque de sombra irisada en el hueco del ojo le aportará luminosidad. Como tiene las pestañas claras, necesita rímel para aportarles color y grosor.

3 En la boca, bien perfilada, pusimos un brillo rosa y una pizca de violeta.

Realzar el rostro

Buena cara

El peinado de Nora la hace parecer mucho mayor, y el color no es nada adecuado para su tez, un poco amarillenta. El volumen del cabello le asfixia la cara, de por sí algo pequeña.

Antes

Puntos fuertes:
> Una mirada bonita
> Una boca carnosa

Puntos débiles:
> Ligera papada
> Ojos cansados

Peinado

1 Despejamos la cara para iluminarla conservando el volumen en la nuca para equilibrar el de la barbilla.

2 Elegimos un color rubio que realza el corte, aclara e ilumina la tez.

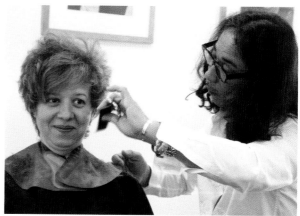

Recuerde

• El corte se adapta a su rizo natural. Sin embargo, podemos alisar algún mechón para estilizarla.

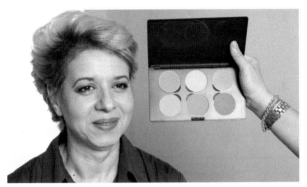

Maquillaje

1 Un ligero corrector
beis disimula
las ojeras y aporta
luminosidad a la mirada.

2 En el párpado
móvil aplicamos
una sombra naranja
melocotón, y en el
extremo exterior del
párpado un toque de
ciruela. Bajo la ceja, un
poco de sombra marfil
atrae la luz y una raya
ciruela en la base de
las pestañas confiere
profundidad a la mirada.

3 Redibujamos la boca
con un lápiz de color
rosa, y la perfilamos
con un rojo transparente
del mismo color.

Después

Realzar el rostro

Una bonita piel dorada

El bonito rostro un poco infantil de Natalia oculta un atractivo que solo necesita mostrarse: una atractiva piel dorada, unos ojos fantásticos...

Antes

Puntos fuertes:

> Una piel dorada magnífica

> Unos ojos almendrados

> Una boca carnosa

Puntos ðébiles:

> Unas cejas rebeldes

Peinaðo

1 Decoloramos el cabello para obtener un rubio platino típico de la década de 1970, que combinará a la perfección con su piel dorada.

2 Cortamos en forma de bola «afro» para conferirle este aire discotequero.

3 Secamos con un difusor para conservar los rizos.

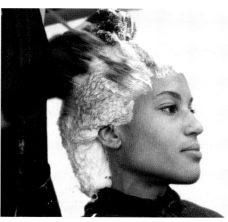

Recuerðe

• Cuando se tiene este tipo de cabello, no hay que dudar en ir a un buen peluquero para evitar sorpresas desagradables.

Maquillaje

1 Aportamos el toque discotequero con una sombra de ojos negro violeta y, en el interior del párpado, un toque de rojo, ideal para las pieles mestizas.

2 Intensificamos la mirada delineando una raya negra en la raíz de las pestañas y en el interior del ojo.

3 Un toque de colorete naranja aporta luminosidad y frescor a la tez.

Recuerde

• Si decidimos trabajar la mirada, no tenemos que centrarnos tanto en la boca, y viceversa.

Después

Realzar el rostro

Más energía

Su peinado carece de estilo. Sin embargo, Linda es hermosa, alegre y dinámica. Unos valores que hay que poner de manifiesto mediante un corte adecuado y un maquillaje ligero.

Antes

Puntos fuertes:

> Un rostro fresco

> Un sonrisa muy bonita

Puntos ∂ébiles:

> Un corte inadecuado para la naturaleza de su cabello

Peinado

1 Cuando se tiene una cara tan atractiva, hay que despejarla. Tiene la cabeza más bien pequeña: la coronamos creando un mechón en la frente y añadiendo volumen en la nuca.

2 Conservamos el color natural y aplicamos un suavizante al cabello para evitar el efecto volumen y poder trabajar cómodamente.

Recuer∂e

• Un buen corte debe adaptarse a la naturaleza de cada cabello. Este corte se puede llevar liso u ondulado.

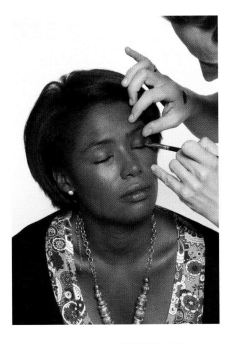

Después

Recuerde

• Si tiene poco tiempo, trabaje la tez antes que los ojos.

Maquillaje

1 Después de una base de maquillaje ligera y de unos polvos mate, aplicamos un poco de colorete cobrizo en los pómulos.

2 Resaltamos los ojos con una sombra en crema de color chocolate oscuro en todo el párpado. Trabajamos una sombra negra con el pincel que difuminamos hacia la parte exterior del ojo para agrandarlo y levantarlo.

3 Un toque de brillo marrón glacé para los labios carnosos.

Realzar el rostro

Frescura y clase

El cabello corto le queda muy bien a Darinka, pero tiene el volumen mal repartido alrededor del rostro. El corte y el maquillaje deben aportarle una nueva frescura.

Antes

Puntos fuertes:

> Un rostro dinámico

> Unos ojos bonitos

Puntos δébiles:

> Una rostro marcado

> Una nariz un poco grande

Recuerδe

• Para equilibrar el perfil, hay que estructurar siempre la nuca en función de la forma del rostro.

Peinaδo

1 Vaciamos la nuca manteniendo cierto volumen para equilibrar el perfil.

2 Escalamos el cabello alrededor del rostro para crear pequeños mechones que aporten suavidad y feminidad.

3 Aplicamos un «aclarado» que ilumine y sofistique el gris natural del cabello.

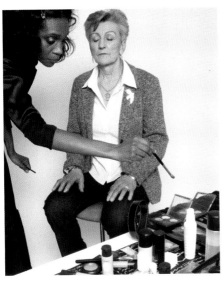

Maquillaje

1 Aplicamos un corrector hidratante a base de cafeína para rellenar la piel. Las sombras rosadas aportan luminosidad.

2 Para los párpados, un dúo de sombras mate ciruela y rosado. Perfilamos el contorno del ojo aplicando un beis claro y una pizca de gris pardo, también mate, en la raíz de las pestañas inferiores y por fuera.

3 Damos volumen a los labios con un ligero brillo transparente rosado muy fresco.

Recuerde

- Un maquillaje demasiado intenso marca demasiado las arrugas. Es preferible elegir uno ligero que refresque la tez.

Después

Realzar el rostro

Una melena de fuego

Melanie se está buscando. Viste de forma banal. Lo mismo ocurre con su cabello, muy bonito pero que nunca ha intentado estructurar. Sin embargo, si lo hiciera, le aportaría carácter.

Antes

Puntos fuertes:

> Una piel fresca
> Unos ojos bonitos
> Un cabello atractivo

Puntos débiles:

> Cejas demasiado depiladas
> Mandíbula algo grande

Peinado

1 Este cabello tan largo le apaga la cara. Lo cortamos justo por debajo de la mandíbula para que esta no destacara demasiado, así como para mostrar su cuello delgado.

2 En cuanto al color, conservamos la base. Aclaramos solo las puntas de algunos mechones siguiendo el movimiento del corte. Un baño de color reaviva y aporta un toque de rubio veneciano al conjunto de la melena.

Recuerde

• Cuidado con los cabellos gruesos, ya que aportan mucho volumen a los peinados cortos.

Después

Maquillaje

1 Después de aplicar una base de maquillaje ligera de base acuosa para proporcionar brillo a la piel sin sobrecargarla, aplicamos en el contorno de los ojos, las narinas y la barbilla un corrector medio tono más claro que la piel.

2 Pintamos todo el párpado con una sombra marrón rojizo anaranjado que resalta sus ojos azules. Después, aplicamos una sombra bronce chocolate repartiéndola hacia la esquina exterior del ojo para poner de relieve la mirada.

3 Para agrandar el ojo, trabajamos las pestañas preparándolas con un rizador de pestañas antes de poner un rímel negro efecto longitud en las pestañas superiores e inferiores.

Recuerde

- Un toque de polvos minerales algo más oscuros debajo de la mandíbula la disimula.

- Aplique siempre el rizador de pestañas antes que el rímel.

- Las sombras anaranjadas hacen que destaquen más los ojos azules.

Más personalidad

Cecilia tiene un cabello muy fino que, sin un buen corte, presenta un aspecto descuidado. Un ligero maquillaje proporcionaría más dinamismo y personalidad a esta bella rubia.

Antes

Puntos fuertes:

> Un porte de cabeza bonito

> Una cara traviesa

Puntos débiles:

> La nariz y la barbilla algo puntiagudas

> Un color de cabello demasiado indefinido

> La piel marcada por el acné

Recuerde

• Los cortes escalados aportan vigor a los cabellos finos.

• Algunas mechas en el cabello rubio aportan contraste y rompen con el posible efecto de insulso.

Peinado

1 Acortamos la nuca, pero sin despejarla totalmente para no alargar demasiado el cuello. Conservamos los mechones más largos delante para que quedara más femenino, así como para conferir más cuerpo a este rostro pequeño.

2 Para dinamizar la cara, cubrimos la frente con mechones imprecisos y escalamos los lados para crear un poco de volumen.

3 Alegramos la imagen con unas mechas más rubias. Así se rompe el efecto uniforme y realza el corte.

Maquillaje

Después

1 Después de la crema hidratante y con efecto mate, se aplica el corrector con pincel, para no resecar el contorno del ojo. Para disimular los granos, utilizamos un pincel muy delgado, que permite aplicar de manera precisa el corrector sobre el grano. Después, se debe difuminar con el dedo para que se funda con la base de maquillaje. Posteriormente, aplicamos unos polvos ligeros y de efecto mate.

2 Cubrimos todo el párpado con una sombra beis dorada y después aplicamos una raya con una sombra marrón chocolate a ras de las pestañas.

3 Terminamos con un toque de brillo anaranjado después de hidratar los labios.

Realzar el rostro

Más femenina

Ouarda tiene una cara y un cabello muy bonitos. Es una joven guapa, pero querría parecer más femenina. Un buen corte, algo de maquillaje y ¡listo!

Antes

Puntos fuertes:

> Un magnífico cabello castaño

> Unos dientes bonitos

Puntos débiles:

> Una tez algo apagada por el volumen de cabello sin forma

Peinado

1 Cortamos unos 15 cm por encima de los hombros. Lo escalamos y lo cortamos más por detrás para darle forma.

2 Un toque chocolate evitará el efecto volumen conservando al mismo tiempo un toque natural, como si el cabello se hubiera aclarado con el sol.

Recuerde

• El cabello rizado se debe cortar cuando está seco.

• Con un bonito cabello castaño, no hace falta aplicar color ni reflejos.

3 El corte se practica con el cabello seco para respetar los rizos. Asimismo, secamos con difusor.

Recuerde

• Si las cejas están bien perfiladas, no se deben tocar. Las corregimos con un fijador para evitar los remolinos.

Después

Maquillaje

1 Ouarda tiene los ojos en forma de «almendra invertida». Para que resalten, jugamos con sombras marrón-rojo y marrón chocolate, y las repasamos con una raya de khôl cobrizo.

2 Para marcar las mejillas, aplicamos en los pómulos un toque de corrector más oscuro que la base de maquillaje. Después, lo cubrimos con un poco de colorete rosado.

3 Los labios tienen un bonito color natural. Solo aplicamos un toque de brillo.

Realzar el rostro

Glamour actualizado

Sandra tiene una cara muy bonita y simpática, pero la falta de un buen corte hace que carezca de vida. Un poco de sombra le resaltaría los ojos de gato y su boca en forma de corazón.

Antes

Puntos fuertes:

> Un bello rostro sonriente y con relieves

> Una piel bonita

Puntos débiles:

> Un cabello poco cuidado

Peinado

1 Conservamos la longitud, pero escalando, mechón a mechón, para evitar un efecto demasiado plano. Le hacemos la raya al lado, ideal para los escalados.

2 Escalamos los mechones hacia delante del rostro para conseguir más glamour y feminidad.

3 Aplicamos el color después del corte para proporcionarle el máximo relieve. Oscurecemos algunos mechones y aclaramos otros para crear un efecto contrastado pero al mismo tiempo natural.

Recuerde

• La raya en medio requiere una simetría perfecta. El escalado queda mejor con la raya al lado.

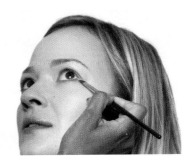

Maquillaje

1 Después de una base de maquillaje ligera y unos polvos finos de efecto mate, aplicamos polvos beis y anaranjados, y un toque de marfil sobre los pómulos y el arco de las cejas.

2 Aclaramos el interior del ojo con un lápiz beis y aportamos luminosidad con un poco de bronce. Un toque de violeta en el extremo exterior acentúa el relieve y alarga la mirada. Subrayamos el contorno del ojo aplicando una sombra ciruela a ras de las pestañas superiores e inferiores.

3 Perfilamos los labios con un lápiz y lo difuminamos. Después, aplicamos un lápiz de labios irisado transparente ciruela.

Después

Realzar el rostro

Una tez luminosa

Sol, secado y falta de cuidado han podido con el bonito cabello de Amel. Lo mismo ha ocurrido con su tez, empañada por un maquillaje poco adecuado. Sin embargo, no es nada que no se pueda solucionar.

Antes

Puntos fuertes:

> Unos ojos magníficos

> Una boca carnosa

Puntos ðébiles:

> Granos

> Un maquillaje que le recarga la mirada

Recuerðe

• Trabajamos el corte con el cabello seco, porque el pelo rizado queda más corto al secarlo, lo cual provoca en ocasiones sorpresas desagradables.

Peinaðo

1 No despejamos demasiado el rostro, que debe quedar un poco oculto, y creamos un mechón para aportar feminidad. El peinado recto está un poco escalado a nivel de las mandíbulas para despejar el cuello.

2 El color es demasiado oscuro y uniforme. Proporcionamos relieve tanto al cabello como al corte aclarando toda la melena y más concretamente algunas puntas. Un baño de color aporta reflejos y brillo.

Después

Recuerde

• La base de maquillaje debe respetar su color de piel. Si es demasiado oscura, envejece.

Maquillaje

1 Con una base de maquillaje beis dorada, disimulamos los granos. Creamos un efecto mate con unos polvos correctores. Aplicamos el colorete debajo de los pómulos para realzarlos.

2 Después de aplicar una base clara nacarada en todo el párpado, jugamos con una gama de sombras gris pardo, dorado y parma. Un toque de sombra clara en el interior del párpado y a ras del arco de la ceja ilumina la mirada.

3 Bastará con un poco de brillo rosado en los labios.

Realzar el rostro

Una rubia con carácter

El corte proporciona una imagen demasiado formal de Virginia que no se corresponde con su verdadero carácter. ¿Y si buscáramos algo más actual?

Antes

Puntos fuertes:

> Un rostro con los ángulos justos

> Una tez fresca con bonitas pecas

Puntos débiles:

> Un cabello demasiado amarillo

> Una imagen algo insulsa

Peinado

1 El cabello demasiado largo y escalado quita toda la gracia al rostro. Cortamos dirigiendo algunos mechones hacia delante para proporcionar más cuerpo y resaltar los pómulos y los ojos. Redondeamos la parte posterior de la cabeza para equilibrar el perfil y suavizar la mandíbula.

2 Conseguimos un rubio verdadero al aplicar un color más claro en la punta de los mechones. Recubrimos el cabello de un pigmento para conseguir un efecto natural y personalizado.

Recuerde

• Los rubios son algo delicado. Elija un tono que vaya bien con el tono de su piel.

Maquillaje

1 Con una piel fresca y joven, se utiliza una base de maquillaje y un corrector muy ligeros. Fijamos con unos polvos minerales para conseguir un acabado satinado.

2 Para lograr una mirada de terciopelo, trabajamos un ahumado ligero aplicando en el párpado una base luminosa en crema. Después, con un lápiz cobrizo aplicado en la raíz de las pestañas, agrandamos el ojo hacia fuera. El lápiz se fundirá después con la sombra gris pardo.

Recuerde

• No intente ocultar las pecas, ya que podría envejecer el rostro y enturbiar la tez.

Después

Realzar el rostro

Un rostro suavizado

El corte recto por debajo de la barbilla banaliza la imagen de Carol y la envejece. Los mechones le apagan la tez. Necesita un cabello más corto y una pizca de maquillaje para refrescarle la tez.

Antes

Puntos fuertes:

> Unos ojos bonitos

> Un rostro voluntarioso y con mucho carácter

Puntos ðébiles:

> La barbilla un poco grande

> Una boca delgada

> Los párpados ligeramente caídos

Recuerðe

• Los reflejos deben personalizarse siempre, porque deben tener en cuenta los remolinos y el corte de pelo.

Peinaðo

1 Conservamos la longitud para no masculinizar el rostro, pero escalándolo y vistiéndolo para aportarle más suavidad y feminidad. Aligeramos el volumen a nivel de la mandíbula.

2 Las mechas envejecen. Las eliminamos aplicando el color desde la raíz y aclarando las puntas, pero fundiéndolo para obtener un efecto natural. Aclaramos las mechas alrededor del rostro.

Recuerde

• En caso de rosáceas, evite las bases de maquillaje o las sombras rosadas, porque las acentuarían.

Maquillaje

1 Atenuamos las rosáceas con una base de maquillaje ligera de color beis. Después, unificamos con unos polvos correctores. Dimos cuerpo a las mejillas aplicando un poco de colorete de color melocotón.

2 Agrandamos la mirada aclarando la esquina interna del párpado móvil con un toque de sombra beis claro. Después, aplicamos una raya de lápiz claro en el interior del ojo. A continuación, subrayamos la parte exterior superior con una sombra negra-marrón y, abajo, con una sombra marrón avellana. Alargamos las pestañas con un rímel muy negro.

3 Perfilamos las cejas con unos polvos marrón claro aplicados con pincel.

4 Para una boca más carnosa, aplicamos un brillo violeta muy transparente.

Después

Realzar el rostro

Una melena magnificada

El cabello de Laura tiene un bonito color natural, pero está un poco apagado y las puntas están demasiado oscuras en comparación con las raíces.

Antes

Puntos fuertes:

> Unos bonitos ojos de color azul-gris

> Un cuello largo

Puntos δébiles:

> El cabello un poco apagado

Peinaδo

1 No es necesario un cambio radical, solo un degradado para crear una forma bonita, volumen y movimiento.

2 Realizamos un baño de color en algunos mechones para iluminar la melena. Para evitar un efecto «volumen», aplicamos el color cardando el cabello. Así, el resultado es más natural.

3 Para un peinado fácil, pusimos una loción antes del secado, que optimiza el movimiento y la suavidad.

Recuerδe

• Aplicar el color cardando los mechones para un resultado más natural.

Maquillaje

Después

1 Hidratamos el rostro y las ojeras antes de aplicar una base de maquillaje muy ligera de base acuosa beis rosado y un corrector rosado.

2 Cubrimos el párpado móvil con una sombra beis anaranjada para que resalte el azul de los ojos, luego con un marrón cálido en el exterior del párpado y un toque de beis anaranjado muy claro en el interior para aportar luminosidad.

Recuerde

• Para atraer la luz, se puede combinar un colorete beis natural y unos polvos ligeramente irisados.

Realzar el rostro

Una mirada realzada

Hang tiene un bonito porte de cabeza, desgraciadamente oculto bajo un cabello demasiado largo. Además, le cortaron el pelo sus amigas, de modo que se puede mejorar bastante.

Antes

Puntos fuertes:

> Una cara adorable

> Un bonito cuello

Puntos débiles:

> El cabello demasiado largo

> Un corte sin estilo

Peinado

1 El cabello asiático muy liso suele ir combinado con una cabeza plana. Hay que tenerlo en cuenta y reequilibrarlo creando volumen sobre la cabeza.

2 Evitaremos el corte recto, ya que conferiría una imagen demasiado infantil. Optaremos por un escalado hacia delante, más dinámico.

3 El color, casi rojo en las puntas, no favorece. Realizamos unos ligeros reflejos para estructurar el corte.

Recuerde

• No deje que sus amigas le corten el cabello, sobre todo si lo tiene liso.

Maquillaje

Después

1 Tiene el rostro plano. Le daremos relieve con un colorete fucsia en los pómulos. Aplicamos un toque de base de maquillaje más oscuro en las narinas para afinarlas y otro más claro en el caballete.

2 Trabajamos el párpado móvil con texturas irisadas, satinadas y cremosas que proporcionen luminosidad. Una sombra marrón a ras de las pestañas inferiores agranda el ojo por debajo. Colocamos pestañas postizas en el extremo del ojo y luego rímel, después de utilizar el rizador de pestañas.

Recuerde

- El delineador en los párpados de las mujeres asiáticas empequeñece los ojos.

Realzar el rostro

Un corte dinámico

El cabello de Delphine oculta su bonito cuello. El color es demasiado clásico para esta guapa rubia. Su rostro debe recuperar dinamismo y carácter.

Antes

Puntos fuertes:
> Unos ojos magníficos
> Un porte de cabeza muy agraciado

Puntos òébiles:
> Un corte y un color inadecuados

Recueròe

• Para proporcionar carácter a los rubios clásicos, es necesario un corte un poco sofisticado, e incluso trabajar el color.

Peinaò⊙

1 Conservamos la forma redondeada de la nuca, pero aligeramos el volumen en el cuello y escalamos el corte hacia delante.

2 Rodeamos el rostro con mechones a nivel de la mandíbula para que no sobresalgan demasiado las mejillas.

3 Conservamos la base rubia, pero con mechas más claras para rejuvenecer. Peinamos de forma natural para obtener un rizado-ondulado.

Recuerde

• El maquillaje dura más en una piel bien hidratada. Piense también en hidratar los labios.

Maquillaje

1 En este caso, es suficiente con una base de maquillaje muy ligera.

2 Trabajamos sobre el párpado un difuminado de sombras satinadas grises. Acentuamos el color hacia fuera (abajo y arriba) para agrandar el ojo.

3 Perfilamos la boca con un perfilador beis rosado. Difuminamos hasta el interior de los labios antes de aplicar un toque de brillo, que aportará luz.

Después

Realzar el rostro

Párpados realzados

Un peinado corto puede ser muy femenino si se adapta bien al rostro y, en este caso, además, si Clemen se atreve con un poco de maquillaje para iluminarle el rostro.

Antes

Puntos fuertes:

> Un sonrisa constante

> Un rostro alegre, abierto y solar

Puntos δébiles:

> La parte inferior del rostro un poco angulosa, que llama la atención en detrimento de la mirada

Recuerδe

• Algunos mechones alrededor del rostro feminizan los cortes cortos y suavizan los rasgos.

Peinaδo

1 Trabajamos algunos mechones con un marrón ligeramente caoba para iluminar la tez y evitar el efecto casco.

2 Conservamos el mechón largo asimétrico, que viste la frente.

3 Rodeamos el rostro de mechones para suavizar la mandíbula y la barbilla.

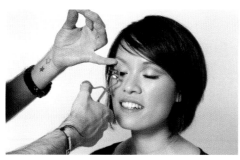

Maquillaje

1 Muchas asiáticas tienen un párpado móvil poco visible. Lo recreamos aplicando una sombra clara en el párpado móvil y otra un poco más oscura en el pliegue, en el borde del arco de la ceja.

2 Para suavizar la mandíbula, hacemos que sobresalgan los pómulos con un colorete afrutado.

3 Para la boca, un toque de brillo afrutado.

Recuerde

• Cuando la parte inferior del rostro está muy marcada, trabajamos los ojos y los pómulos para reequilibrarlo.

Después

Realzar el rostro

Un estilo moderno y joven

Fabienne tiene un rostro con mucho carácter, un poco rebajado por la estructura clásica y formal del corte recto. Tiene que romper ese lado tan «señorial» para revelar su verdadero rostro de señora.

Antes

Puntos fuertes:

> Una mirada profunda

> Rasgos regulares

Puntos ðébiles:

> Una piel ligeramente marcada

> Un cabello apagado

Peinaðo

1 Este corte recto caído y un poco rígido no refleja la personalidad de Fabienne. Cortamos, pero no demasiado, para no masculinizar su imagen.

2 Creamos volumen alrededor del rostro para conferirle más cuerpo. Conservamos el flequillo para obtener un perfil equilibrado.

3 Aplicamos un tratamiento colorante tono sobre tono que aporta brillo a los cabellos finos y algo apagados.

Recuerðe

• Un corte menos estricto no significa «menos elegante». Fabienne es buena muestra de ello.

Después

Maquillaje

1 Aplicamos una crema a base de silicona para unificar los poros y la textura de la piel. En lugar de la base de maquillaje, optamos por una crema hidratante de color para que no marcara las arrugas.

2 Utilizamos tonos cálidos, coral, anaranjado, para evitar que pareciera demasiado maquillada. Creamos un efecto mate con unos polvos sin talco.

3 Cubrimos el párpado móvil con una sombra marrón cálida. Intensificamos la mirada con una raya de lápiz marrón irisado. Perfilamos los labios con un lápiz marrón ciruela antes de aplicar un brillo rosado ciruela muy luminoso.

Realzar el rostro

Efecto sofisticado

Jennifer tiene algunos puntos que no realza. Un buen corte revelaría la verdadera naturaleza de su cabello, y un poco de maquillaje destacaría más sus bonitos ojos.

Antes

Puntos fuertes:
> Cabello rizado
> Unos bonitos ojos claros

Puntos débiles:
> Un color insulso que le apaga la tez
> La parte superior del cuello un poco regordeta

Peinado

1 Volvemos a crear volumen en la parte superior para equilibrar el rostro.

2 Optamos por una forma recta a un nivel que permita despejar los hombros y resaltar los rizos naturales.

Recuerde

• Los cortes deben tener en cuenta la naturaleza del cabello para no tener que someterlos a secados, alisados...

3 Retiramos el color que está estropeado, sobre todo en las puntas, con un aclarador suave. Después, aplicamos un bonito pelirrojo aclarando algunas puntas para conseguir un efecto natural.

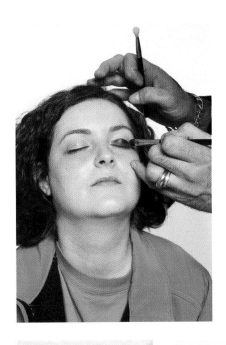

Recuerde

• En el caso de los maquillajes «ahumados», se empieza por los ojos para no ensuciar la tez.

Maquillaje

1 Para un maquillaje ahumado, cubrimos el párpado móvil con una sombra gris acero con reflejos dorados. Dibujamos una raya negra dentro y fuera del ojo. Alargamos las pestañas con rímel negro.

2 Después de la base de maquillaje transparente, creamos un efecto mate con unos polvos sin talco. Realzamos los pómulos con colorete natural.

3 Acabamos con un poco de brillo anaranjado.

Después

Realzar el rostro

Un corte que suaviza los rasgos

Virginia es una guapa joven que no se arregla. El color de su cabello le apaga un poco el rostro y este corte mal estructurado hace sobresalir sus rasgos ligeramente angulosos.

Antes

Puntos fuertes:

> Un cabello de buena naturaleza

> Unos ojos azules muy bonitos

Puntos débiles:

> Un cuello un poco grueso
> Una barbilla protuberante

Peinado

1 Para suavizar el rostro, evitamos despejarlo y lo rodeamos de mechones a modo de cintas. Demasiado despejado, un rostro de este tipo puede resultar masculino.

2 El corte recto ligeramente degradado afina el cuello.

3 Procedemos a realizar unos reflejos dobles: los primeros, clásicos, de un color parecido al natural; los segundos, en la punta de los mechones, aplicando un rubio arena que los perfila.

Recuerde

• Algunos mechones alrededor de un rostro de rasgos en cierto sentido fuertes lo suavizan y lo feminizan.

Después

Maquillaje

1 Como tiene la piel un poco grasa y marcada, aplicamos una base de maquillaje que cubriera, después de haberle puesto un fijador para evitar que el maquillaje se estropeara.

2 Para agrandar el ojo, aplicamos una sombra clara y satinada en el interior del párpado y una raya de khôl beis en el interior del ojo.

3 Le pusimos un colorete de color carne. Si aplicáramos demasiado color, podríamos hacer reaparecer las marcas de acné.

Realzar el rostro

Elegir las gafas

Llevar gafas no es ningún suplicio. Pueden incluso realzar su mirada y el carácter de su rostro, pero para eso hay que saber elegirlas...

Respete la forma de su rostro

Si no puede llevar lentes de contacto, elija unas gafas con la montura adecuada según la morfología de su cara.

• **Si tiene el rostro ovalado o redondo,** opte por las monturas rectangulares (horizontales).

• **Si tiene el rostro cuadrado,** opte por unas gafas un poco ovaladas para suavizar sus rasgos.

• **Si tiene el rostro ancho,** evite las gafas pequeñas.

• **Si tiene los ojos caídos,** decántese por las formas «mariposa».

• **Si tiene el rostro pequeño,** evite las gafas grandes, para no correr el riesgo de desaparecer detrás de ellas.

Atención también con las cejas

Aunque no tienen que quedar completamente ocultas tras las gafas, las cejas tampoco deben quedar demasiado alejadas. La montura ideal sigue su línea natural sin cortarla.

¿De qué material?

• **Metal:** ligero, es el material ideal para las formas depuradas de estilo clásico, aunque las nuevas tecnologías permiten fabricarlo en colores. Para un aspecto informal, elija un metal mate. Para más elegancia, opte por un acabado brillante.

Un modelo para todos los tipos de rostros

Monturas femeninas

• **Titanio:** es un metal tan ligero como robusto, ideal si es cuidadosa.

• **Plástico:** permite formas de fantasía, incluso atrevidas, y un número infinito de colores y motivos. Las monturas de pasta están recomendadas para los cristales gruesos, ya que permiten disimularlos.

¿Qué color elegir?

Del mismo modo que la forma, el color de su montura revela los rasgos de su personalidad. Pocas mujeres sobrias o apagadas lucen monturas mariposa de color rojo intenso.

• **En general, los ojos marrones** pueden permitírselo todo.

• **Los ojos claros** quedan mejor con monturas igualmente claras.

• **A partir de cierta edad,** es mejor evitar los colores muy oscuros, ya que endurecen los rasgos.

• **En cambio, los colores intensos** dinamizarán la tez y permitirán que tenga buen aspecto.

• **Para los colores puros,** sin tener que armonizarlos completamente con su fondo de armario, procure que no dañen la vista... ¡de los demás!

Se acabaron las monturas invisibles

Al contrario de lo que se piensa, cuanto más discretas o incluso inexistentes sean las monturas de las gafas, más se ven y más banalizan el rostro.

Formas adaptadas a las caras rectangulares

Modelo reservado a los rostros muy largos y octogonales

Principios básicos

• Las gafas no deben apretar demasiado, para una máxima comodidad. Tampoco deben quedar demasiado flojas, para evitar que se deslicen constantemente.

• Deben quedar en el caballete de la nariz y cerca de la cara, pero sin tocar los pómulos, incluso al sonreír.

• La pupila debe quedar centrada en el cristal.

• Las mujeres con gafas se deben maquillar los ojos con más intensidad, porque el cristal absorbe la luz. Evalúe, pues, el resultado del maquillaje después de haberse puesto de nuevo las gafas.

Formas rectangulares para rostros redondos

Trabajar las cejas

Las cejas son «el peinado» del ojo. Así pues, es imprescindible cuidarlas y esculpirlas, pero respetando, en la medida de lo posible, su línea natural.

Jennifer

• A pesar del aspecto espeso de las cejas de Jennifer, se distingue una línea natural que hay que conservar. Trabajamos primero el entrecejo para separar las cejas y abrir la mirada. Después, depilamos debajo de la ceja, para dejar un arco perfecto. Mantenemos más grosor en la parte interior y afinamos la ceja a medida que nos dirigimos al exterior. Cepillamos estirando hacia arriba.

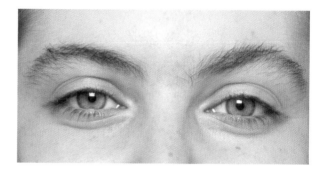

Principios básicos

• Si creamos unas cejas demasiado finas, una tendencia general en los institutos de belleza, agrandamos el párpado y reducimos el ojo, con lo que se pierde la mirada.

• Siempre debemos depilarnos las cejas hacia arriba, y no hacia abajo.

• Para las cejas rebeldes, existe un rímel «especial cejas» transparente que permite peinarlas hacia arriba fijándolas al mismo tiempo.

• Una buena depilación es la que conserva al máximo la línea natural.

• Las pinzas de depilar son el instrumento más adecuado para las cejas.

• Las depilaciones más logradas son las que realizan las especialistas en depilación de cejas o las maquilladoras.

• La depilación siempre produce algunos enrojecimientos, que se pueden disimular fácilmente con un toque de corrector tipo antiojeras.

Natalia

• No resulta fácil adivinar la curva natural de las cejas de Natalia. Sin embargo, existe, y la depilación la mostrará. Mantenemos la separación entre los ojos, conformándonos con eliminar algunos pelos superfluos. Después, trabajamos el arco de la cejas evitando reducirlas demasiado, porque restaría profundidad a la mirada y naturalidad al rostro. Las cepillamos hacia arriba fijándolas con una máscara transparente.

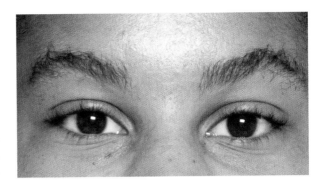

Sandra

• Sandra se depila las cejas, pero muy mal. La depilación rompe la curva natural y reduce demasiado la ceja, y su mirada pierde intensidad. Recuperamos la curva retocando el arco. Aplicamos en la ceja un color un tono más oscuro que su color natural para que la mirada recuperara profundidad. Pigmentamos la punta de las cejas para alargarles la curva, lo cual permite subrayar los ojos.

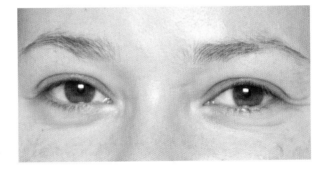

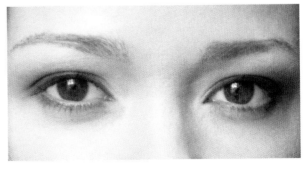

Realzar el rostro

Acertar con el maquillaje

El maquillaje es un arte. No obstante, todas las mujeres deberían ser capaces de comprender las nociones básicas y de maquillarse cada mañana en cinco minutos como máximo. Conviértase en una experta en maquillaje siguiendo nuestros pequeños trucos.

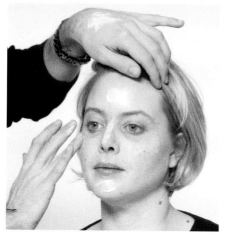

Ante todo, una crema adecuada para su tipo de piel

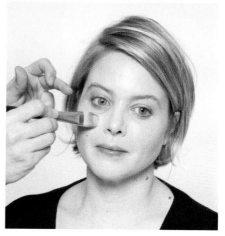

Se recomienda el pincel para la aplicación de la base de maquillaje

La tez

Base de maquillaje y polvos

• El mejor lugar para probar el color adecuado de la base de maquillaje no es ni sobre la mano ni en la parte interna de la muñeca: es en la mandíbula, que une el rostro y el cuello.

• Elija el color más parecido al de su piel en esa zona. Si su piel es mate, opte por un beis. Si es de un tono blanco rosado, opte por un rosado.

• Atención: utilizar un producto más oscuro que nuestra piel envejece y endu-

rece los rasgos. Por otro lado, un tono claro aportará siempre frescor.

• Para evitar el efecto «capa gruesa», elija una textura ligera, sobre todo si tiene la piel fina y clara. Aplíquese la base con un pincel y termine, si es posible, con un toque de polvos libres porque los polvos compactos cubren más y resultan menos naturales. Las pieles mates, mestizas y negras pueden optar por una base de maquillaje en polvo.

• Aplíquese la base de maquillaje con pincel haciendo grandes movimientos de dentro hacia fuera.

El corrector: siempre después de la base de maquillaje

Corrector

El corrector oculta no solo las ojeras, sino también las rosáceas y los granos. Al contrario que la base de maquillaje, que debe asemejarse a su color de piel, elija un corrector de un tono más intenso: beis para una piel rosa, rosado para una piel mate.

• Aplíquelo imperativamente con pincel, en especial sobre los granos.

• Antes de ponerse el corrector, masajéese las ojeras suavemente, desde fuera hacia dentro, con una crema de contorno de ojos.

Principios básicos

Desmaquíllese y límpiese la piel todas las noches.

• Debe aplicarse imperativamente una crema adecuada para su piel antes de maquillarse.

• Esta crema debe ser rica en agua si tiene la piel deshidratada (crema hidratante) y rica en componentes grasos si la tiene seca (crema nutriente).

• Atención: una crema demasiado grasa sobre una piel que no lo necesita provoca brillos. Resultado: la base de maquillaje no se mantiene y tiene muchas posibilidades de conseguir un efecto no muy logrado.

• Si tiene la piel poco hidratada, esta absorberá la base de maquillaje, con la siguiente aparición de placas.

• En todos los casos, elija una crema que contenga un elevado índice de protección UV.

• Cuídese los labios con un bálsamo adecuado. Ninguna crema de día es suficiente para hidratar y nutrir los labios, que necesitan un mayor aporte en agua y en componentes grasos que el rostro. En unos labios suaves, el pintalabios se conserva mucho mejor.

• No olvide beber 1,5 litros de agua al día.

• El maquillaje sirve para realzar su belleza, no para ocultar sus problemas dermatológicos.

• Actualmente, existen tratamientos rápidos y eficaces, sobre todo para el acné. Así, no dude en consultar con un dermatólogo, quien sabrá aconsejarle.

• Si tiene poco tiempo, opte por trabajar la tez antes que los ojos o la boca. Con una bonita base de maquillaje, una pizca de corrector, un poco de polvos y de colorete, siempre tendrá buen aspecto.

• Maquillarnos consiste en realzar nuestro atractivo natural. No nos privemos…

• No tenga miedo a utilizar los pinceles para la aplicación de todos los productos de maquillaje. El resultado será más natural y más profesional.

• No intente combinar el maquillaje con la ropa que lleve. El maquillaje sirve para realzar su atractivo natural, no un vestido nuevo.

Realzar el rostro

Aplicamos el colorete del párpado desplazándonos hacia la sien.

La sombra cremosa ayuda a fijar la sombra de ojos.

Subrayamos la mirada con el lápiz.

• Aplique el corrector tan solo en las ojeras. Emplee polvos para crear un efecto mate y fijar.

Colorete

• No intente combinar siempre el colorete con el pintalabios. En caso de duda, elija el color que más se parezca a su piel natural cuando tiene buena cara.

• Atención: los marrones apagan las pieles mates, mientras que los rojos rosados las realzan. Para aplicarse el colorete, sonría. Empiece desde la parte superior del pómulo, desplazándose hacia las sienes.

Ojos

• Para que la sombra de ojos se conserve durante más tiempo, existen unas sombras cremosas de color neutro resistentes al agua que se aplican en todo el párpado. Pueden servir como base fijadora para el maquillaje de los ojos.

• Si tiene muchas ojeras, evite los marrones cobrizos y los castaños, sobre todo debajo del párpado, porque tienden a marcar las ojeras.

• Las sombras irisadas iluminan la mirada, pero se acumulan en las pequeñas arrugas de los párpados. Así pues, se deben reservar para las pieles jóvenes.

• Las sombras rosadas realzan los ojos azules.

• Las sombras ciruela resaltan los ojos verdes.

• Las sombras marrones destacan los ojos marrones y negros.

• El rímel agranda el ojo y profundiza la mirada. Es especialmente necesario cuando se tienen las pestañas claras. El negro es un valor seguro, sea cual sea el color de los ojos.

El rímel aporta profundidad a la mirada.

El perfilador de labios debe ser del mismo color que el lápiz de labios.

La receta de Cristina

• Para corregir una tez enturbiada, mezcle azúcar moreno con zumo de limón. Aplíqueselo en el rostro masajeando suavemente con movimientos circulares. Esta exfoliación natural semanal le aclarará la tez y eliminará las células muertas.

• Coloque el cepillo en la raíz de las pestañas, y luego desplácese en zigzag hacia las puntas.

• Si tiene los ojos caídos, levante las sombras hacia las sienes.

• Truco: si se maquilla mucho los ojos, no destaque tanto los labios, y viceversa. El *total look* «muy maquillado» enseguida crea un efecto «bote de pintura».

Labios

• Aplíquese siempre un bálsamo hidratante antes que el lápiz de labios.

• Para dibujar bien el labio, se puede perfilar con un lápiz del mismo color que el lápiz de labios. Cuidado con los lápices más oscuros que el pintalabios, porque endurecen los rasgos.

• Se aconseja aplicar ligeramente polvos en el contorno para que el pintalabios no se salga.

• Para mayor precisión, es preferible utilizar un pincel.

• Si tiene los labios muy finos, elija barras de labios con reflejos, nacaradas o brillos que aporten volumen.

Trucos para pieles negras y mestizas

• Las pieles negras y mestizas absorben la luz, de manera que es conveniente iluminarlas con colores vivos. En una piel blanca, una sombra de ojos azul eléctrico puede hacernos parecer un payaso. En una piel negra, queda muy bien. No dude en mezclar sombras mates e irisadas.

• Para los labios, opte por los tonos ciruela, violeta o burdeos, más o menos oscuros según el tono de su piel.

Un toque de colorete anaranjado potencia la belleza de las pieles doradas.

Trucos para pieles asiáticas

• Para aportar brillo a las pieles asiáticas, existen cremas de día entre cuyos componentes se encuentran micropartículas rosadas.

• Reserve los difuminados para el arco del ojo y cubra el párpado móvil con una raya de sombra del mismo color, insistiendo en el ángulo externo.

• Trabaje las pestañas con el rizador de pestañas antes de aplicar el rímel. Cumpla siempre estas dos etapas. Si utiliza el rizador después del rímel podría romper las pestañas.

El colorete rosado realza los pómulos.

Trucos para pieles mates y mediterráneas

• En invierno, decántese por coloretes rosados para tener buena cara. Para los labios, opte por tonos con base de rojo o de rosa, ya que le iluminarán la tez.

• En verano, con la piel bronceada, puede jugar con claroscuros dorados partiendo del color natural de su piel. Un toque de polvos bronceadores en los pómulos y un brillo de labios anaranjado o bronce realzarán su rostro con naturalidad.

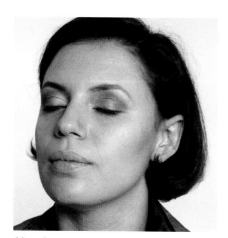

Una base de maquillaje beis dorado para tener buena cara.

Para disimular las rojeces o rosáceas, aplique una base de maquillaje y un corrector beis.

El corrector, después de su aplicación, se debe difuminar con la base de maquillaje.

Trucos para pieles blancas rosadas

• La piel de los párpados, a menudo muy fina, suele decantarse hacia el «rosa veteado».

• Aplique como base para el maquillaje una sombra beis claro que los unificará e iluminará la mirada. Para eliminar las posibles rosáceas o rojeces, elija un antiojeras beis.

Trucos para pieles con acné

• Una piel con acné requiere un cuidado especial. Debe limpiarse mañana y noche con un producto específico, que la trate sin resecarla.

• Antes del maquillaje, se debe aplicar una crema especial para pieles con acné. Esta crema la hidratará sin engrasarla y evitará que el maquillaje se estropee.

• Se pueden disimular los granos aplicando un antiojeras beis y más claro que la base de maquillaje. Debe tener en cuenta, sin embargo, que el maquillaje no es un camuflaje. Si sufre acné, no dude en consultar a un especialista. Actualmente, existen tratamientos antibióticos que combaten el acné de forma duradera.

Realzar el rostro

Mi equipo

Detrás de mí, de izquierda a derecha: Nathalie, mi editora;
Jos, el hada de las cejas; Massato, el hombre de las tijeras
de oro; Romain, los ojos de todos. A mi lado, mis maquilladores
preferidos Pierre, José y Latifa. En primer plano, Alexie,
mi pluma, y Aurélia mi colaboradora de estilismo

Massato

De la cultura de Japón, su país de origen, Massato ha conservado el gusto por el silencio, la observación y el arte de escuchar. El más parisino de todos los japoneses se instaló en Francia en 1975 por amor a París, después de obtener el título de peluquero en su país natal. Loco por la moda, siempre ha sabido captar el momento y reconocer las tendencias en sus primeros balbuceos. Este talento, que le confiere una originalidad indudable, le condujo con rapidez al éxito.

Cortes personalizados fáciles de mantener a diario

Desfiles, sesiones de fotografías... le convirtieron en el preferido de los diseñadores y de las modelos. Abrió su primer salón en el distrito VII de París en 1993, para satisfacción de Isabelle Huppert, Évelyne Bouix o Vincent Perez, clientes asiduos. Más que peluquero, Massato es escultor. No realiza trabajos en serie. Cada mujer es diferente, todos los tipos de cabello merecen un corte —e incluso un color— personalizado. Actualmente trabaja con el equipo que ha creado. Su filosofía es simple: mirar a la cliente, observar cómo viste, cómo anda, sus gestos y escucharla para conseguir un corte adaptado a su personalidad y a su día a día.

Un corte debe reflejar una personalidad y bastarse por sí mismo. Las mujeres tienen derecho a estar guapas, incluso aunque se dediquen muy poco tiempo. Después del lavado, un corte debe quedar impecable sin necesidad de marcarlo con el secador.

Actualmente, Massato posee cuatro salones en París y dos en Tokyo. También ha creado una gama de productos a base de aceites esenciales, especialmente adaptados a los cabellos teñidos.

Massato, un hombre feliz que hace feliz a las mujeres.

Jos
y el Atelier du Sourcil

················

Este establecimiento insóli-to, el primero en Francia dedicado a la belleza de la mirada, es fruto del trabajo y la pasión de una autodidacta. Hace 25 años, Jocelyne Devilleneuve, apodada Jos, empezó, gracias a su hermana gemela, a estudiar para convertirse en maquilladora.

El maquillaje semipermanente acababa de llegar a Francia, y Jos se convirtió en la experta más reconocida en este campo. Su popularidad superó rápidamente las fronteras de Francia y partió hacia Estados Unidos.

De regreso a París, abrió en 2006 el primer Atelier du Sourcil («taller de la ceja»). Se nos recibe en este lugar, que además de un instituto parece un tocador, alrededor de un té, como si estuviéramos en casa de una amiga. Y salimos con la mirada transformada.

Jos combina técnica de reestructuración y la dermopigmentación. Se redibuja la ceja pelo a pelo con pinzas. Si no están suficientemente pobladas, si son demasiado cortas o si se debe rectificar su línea para alcanzar

Cejas
en perfecta
armonía
con la mirada

las proporciones ideales, Jos recurre a la dermopigmentación, que dura aproximadamente seis meses.

También practica la extensión de pestañas, resistente al agua y perfectamente adaptada al rostro para conseguir un resultado natural, con una duración de 4 a 8 semanas. La guapa Jos también riza las pestañas, que parecen sorprendentemente naturales. Las pestañas, bien rizadas y levantadas, ayudan a crear unos ojos de gacela.

El Atelier du Sourcil es el lugar ideal para gratificarse con un momento solo para usted.

Además, ¡su mirada lo vale!

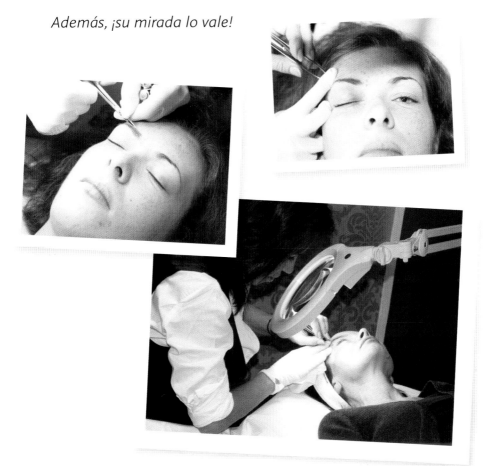

M.A.C

En 1984, Franck Toskan, maquillador y fotógrafo, y Franck Angelo, propietario de un salón de peluquería, crearon M.A.C (Make-Up Art Cosmetics) en Toronto. Al principio, se trataba de que estos dos profesionales de la moda crearan productos de calidad para los desfiles y los estudios fotográficos. Al cabo de dos años, decidieron poner su colección de maquillaje al alcance del público.

Ninguno de los 250 productos de M.A.C contiene componentes de origen animal. Y, evidentemente, no se realizan pruebas con animales.

Siempre presentados en envases negros —color fetiche de la marca—, los productos se comercializaban en el sótano de una gran tienda de Toronto no de mano de vendedores, sino de maquilladores profesionales capaces de aconsejar de manera precisa a las clientas.

El éxito no se hizo esperar. Con el tiempo, estrellas y famosos apostaron por la marca: Linda Evangelista, Diana Ross, Elton John, Catherine Deneuve, Liza Minnelli, Pamela Anderson...

M.A.C se distingue por sus numerosos compromisos benéficos y medioambientales.

Creado en 1994, el M.A.C Aids Fund ha recaudado más de 90 millones de euros, que se han entregado a diferentes asociaciones de lucha contra el sida. Las ventas de barras de labios de la gama Viva Glam se destinan íntegramente a este fondo para la lucha contra el sida. En el ámbito medioambiental, M.A.C recicla los envases. Regalan una barra de labios a las clientas cuando entregan seis envases vacíos.

Lista de la ropa

Verónica, página 23

Camisa Vero Moda, pantalón Bruno Saint I lilaire, brazaletes I I&M, zapatos La Redoute.

Joëlle, página 25

Camiseta, vaqueros y botines Les 3 Suisses, brazalete Marion Godart.

Natalia, página 27

Vestido de lentejuelas Fifilles, chaqueta de cuero Etam, sandalias de tiras M. Jacob.

Nora, página 29

Jersey y zapatos Les 3 Suisses, vaqueros Coleen Bow, bolso Bronti Bay Paris, collar brasileño, brazalete Bala Boosté.

Clemen, página 31

Vestido Fifilles, zapatos Osmose.

Linda, página 35

Vestido Bash para La Redoute, abrigo Kookai, zapatos André, brazaletes Marion Godart.

Cecilia, página 37

Chaqueta y cinturón La Redoute, botas Gémo, collar y brazaletes Marion Godart.

Darinka, página 39

Chaqueta de cuero y pantalón Madeleine, camiseta La Redoute création, cinturón La Redoute, botines Osmose, pendientes Bala Boosté.

Virginia, página 43

Jersey Kookai, falda H&M, broche flor Bals Boosté, brazalete Les 3 Suisses, zapatos André.

Carol, página 45

Vestido La Redoute, broche flor Les 3 Suisses, botas André, brazalete Marion Godart.

Virginia, página 47

Camiseta y falda La Redoute, chaleco y cinturón Camaieu, collar Les 3 Suisses, brazalete Bala Boosté, zapatos Bata.

Ouarda, página 51

Vestido, chaqueta y cinturón La Redoute, botas Bata, collar Bala Boosté.

Sandra, página 53

Camiseta y mallas H&M, chaqueta La Redoute, broche Fleur Blanche Porte, zapatos Bata, brazalete Camaieu.

Amel, página 55

Vestido Fifille, botas Osmose, brazalete Blanche Porte.

Jennifer, página 59

Túnica y pantalón Alain Weiz, botines André, pendientes Marion Godart, brazalete Satellite.

Delphine, página 61

Camiseta y cinturón Camaieu, falda Blanche Porte, brazalete Marion Godart, zapatos Osmose.

Melanie, página 63

Vestido y abrigo largo Kamino, botas Les 3 Suisses, cinturón La Redoute, collar Kamino, brazalete Satellite.

Laura, página 67

Camisa La source Quelle, falda Chine Belgian, botas La source Quelle, fular Blanche Porte, pendientes Esther Vina.

Fabienne, página 69

Jersei Camaieu, pantalón H&M, brazalete Satellite, botines Osmose.

Hang, página 71

Chaqueta, vestido y fular H&M, cinturón New look, brazalete Satellite, medias Dim, Botas Osmose.

Agradecimientos

Queremos dar las gracias en especial a los responsables de prensa
y a sus marcas por su colaboración en la elaboración de este libro.

Éric de André

Laetitia de Alain Weiz

Daniel de Axara

Déborah de Bala Boosté

Morgane de Bata

Sandrine & Dina de Camaieu

Caroline de Clio Blue

Sonia & Céline de Coleen Bow

Muriel de Dim

Magalie de Etam

Delphine de Fifilles

Martine de Gémo

Julien de H&M

Laura de Kamino

Malika de Kookai

Michèle de La Redoute

Pop & Ray por La Source Quelle

Laurence de Les 3 Suisses

Zmirov de Leg End

Nora de Lou Paris

Jérôme de Madeleine

Yoan de Marc Le Bihan

Hélène & Laura de Marion Godart

Barbara de Mellow Yellow

Eva de New Look

Nora de ONLY

Nadia & MAffi de Osmose

Cynthia de Pilgrim

Caroline de Satellite

Malika de Scooter

Cynthia de Via Uno

Hélène de Well

Capítulo «Elegir los vaqueros»: Leg End, Only, Stone Age.
Capítulo «Elegir las joyas»: Marion Godart.
Capítulo «Elegir el sujetador»: Dim, Lou Paris, Monoprix.
Capítulo «Elegir las medias»: Dim, Le Bourget, Well.
Capítulo «Elegir los zapatos»: Gola, La Redoute, Mellow Yellow, New Look.
Capítulo «Elegir las gafas»: Marc Le Bihan.

Y mil gracias a nuestras modelos
Amel E., Carol P., Cecilia V., Clemen T., Darinka M., Délphine G., Fabienne L., Hang
N., Jennifer L., Joëlle D., Laura F., Linda P., Melanie G., Natalia S., Nora B., Ouarda
B., Sandra D., Véronica L., Virginia M. y Virginia V.

Notas

Mi morfología: ....
....
....
....

La ropa que me queda bien: ....
....
....
....
....
....
....
....
....
....
....
....

Mis productos de belleza: ....
....
....
....
....

Mi peluquero/a:..

....

....

....

Direcciones de mis tiendas:...

....

....

....

....

....

....

....

....

....

....

....

....

....

....

....

....

....